平和と美の使者として

森下洋子自伝

森下洋子
聞き手　祐成秀樹

中央公論新社

はじめに

広島で生まれ育ち、バレエと出会わせていただいたことは、神様の計らいなのではと思います。広島は世界で初めて原子爆弾が投下された場所、あってはならないことが起こった場所です。すべてにおいて平和への祈りや、平和を願う強い心を常に持って、私の背中に白い羽は生えていないけれど、平和と美の使者として、平和へのメッセージをバレエを通じて強く出して生きていくように、バレエを通じて世界の人々に平和や喜び、夢や希望をお届けするように、人々の苦しみが和らぎ、世界中が手と手を取り合えるように、少しでも希望をお届けする使命を与えられて生まれたように思えるのです。

バレエの神様に導いていただき、クラシックバレエに出会った時から、この素晴らしいバレエを続けたい、そう思うようになりました。バレエを始めて70年以上も踊らせていただけるとは、想像もしなかったこと。ただただ続けたいという強い思いを受け止め、大変多くの方が支えてくださったのです。すべてのことに感謝を捧げたいと思います。

私たち松山《まつやま》バレエ団の舞台を見てくださった方が、ある時アンケートに書いてくださいました。「松山バレエ団の舞台は、私の心の洗濯機です」と。この言葉を見た時、とてもうれしく思いました。心の部分で、生きていてよかったとか、明日からまた頑張ろうとか、思ってくださったのでしょう。芸術、バレエは人間の心の奥底にある真の美しさを引き出す力がある。お客様の心を洗うような感動を目指して、毎日新鮮に稽古ができることを何よりも幸せに思っています。

舞踊歴70周年を迎えた２０２１年には様々な出来事がありました。コロナ禍の拡大で、春に東京で予定されていた記念公演の『ロミオとジュリエット』は延期になりました。その後、間もなく私の生涯の師である松山樹子《みきこ》先生が98歳で亡くなります。夏に上演した新『白鳥の湖』は、これまでにない強い思いを込めることになりました。私の踊るオデット姫は白鳥たちのリーダー、神と対話するような存在です。そして困難があっても仲間たちと手を取り合って新しい道を突き進み、次の世界を作ろうとします。コロナ禍が続いていましたので、人々の心に寄り添い、「どんな困難でも立ち止まらずに進もう」というメッセージが伝わるよう、松山バレエ団全員で心を合わせて務めました。

同時に、松山先生を追悼する気持ちも込めました。『白鳥の湖』は、多くの先人、先輩の皆様から教えをいただいてきた作品です。松山先生は、一音一音に限りなく価値があると教えてくださいました。

先生は、亡くなる直前に私と、私の夫の清水哲太郎《しみずてつたろう》さんを見つめました。そのまなざしで、「多くの人の希望となりなさい、幸せを届けなさい」と伝えてくださったように思えたのです。先生の遺志を大切に、一瞬一瞬に今の自分のすべてを出し切って、白鳥たちの凜と澄んだ魂の輝きを描き出せるようにと思い、舞台に立ちました。

翌22年春には、ようやく『ロミオとジュリエット』を東京で踊ることができました。ロシアのウクライナ侵攻が起こり、世界中に不安が広がっていた中、若い2人の純粋な愛と勇気が輝く作品の上演です。かけがえのない輝きが失われることによって人々の心のうちに広がる平和への祈り。その思いを強く分かち合えるよう、ジュリエットを演じさせていただき、人と人とが手を取り合って前に進む、その輝きを届けられたらと。胸に秘めた思いは、否応なく強まったと思います。

音楽に込められているみずみずしい志を奏でるためには、体を鍛えて稽古あるのみ。バレエは、私の人生のすべて。踊ることは、呼吸するように自然なこと。よく「ストイックですね」と言われたりもしますが、本当に好きなことですから、とても幸せなのです。

バレエの稽古は、「1日休むと自分にわかり、2日休むと仲間にわかり、3日休むとお客さんにわかる」と言われます。だからこそ、一瞬一瞬に命をかけて、自分が持っている力をすべて出す。毎日薄皮を重ねていくようにコツコツ稽古をする。潔く、何も考えず、思わず、今と一つになってやってきたものをスコーンと出す。毎日、稽古のたびに新しい音が聞こえてきます。バレエには終わりというものがありません。だからこそ、素晴らしい、そう思います。

この年齢で大作の主役を踊らせていただけるなんて、世界中でも例がないことでしょう。積み重ねることで新しいものが生まれ、挑戦もできる。若さのよさもありますが、いろんな経験を積んで、踊り込んでいって、良いものがにじみ出てくる部分もある。一つのステップにもっと夢中になれているかなと集中して、これだけが見えるように、そんな風に研ぎ澄ましていく中で、いらないものがそぎ落とされ、必要なものが明らかになり、密度が濃くなっていく。今だから表せる10代の輝きもあると思います。

バレエと出会い、バレエの道を歩む中で、素晴らしい出会いに恵まれ、たくさんのお客様と会うことができ、師と仰ぐ人々や様々なチャンスに出会うことができました。

この本では、私を作ってくれた大切な出会いの数々を大切に慈しみ、振り返ってみたいと思います。もちろん、ここには書ききれない素晴らしいパフォーマンスや心震える感動の出来事がたくさんあったことも愛おしみつつ。

目次

平和と美の使者として　森下洋子自伝

松山バレエ団稽古場にて（宮﨑貢司さん撮影）

第一部　踊り続けて70年

3歳からバレエ教室

1948年12月7日、広島県広島市で父の準《ひとし》と母の敏子《としこ》の間に長女として生まれました。太平洋のように、おおらかで心が広く育つように、という願いを込めて洋子と名付けたそうです。

育った江波《えば》町（現、中区）は、広島湾に面し、太田《おおた》川が海に注ぐ美しい小さな町。子供の頃は、市内を流れていた7つの川にまつわる思い出が多いですね。家で水着を着て浮輪を持って、そのまま川に泳ぎに行ったものです。

広島は水もきれいで食べ物はなんでもおいしい。中でも新鮮な小イワシの刺し身が大好物。手押し車で行商に来るおばあさんに注文すると、U字形の竹べらで骨や頭をそぎ落としてくれる。母に手を引かれながら、手際のいい作業を面白がって見ていたことを懐かしく思い出します。

父は鉄鋼関係の会社員でホッケーの選手。高校時代は「山陽学園に森下あり」と言われたぐらいの名選手だったそう。私の筋肉は、やわらかい方ですが、父からいただいたのではないかと思います。

母は料理が上手で、贅沢《ぜいたく》ではありませんが、手の込んだおいしいものを作ってくれました。体が弱く、市販のものを食べるとお腹を壊してしまう私のために、おやつはすべて手作り。氷を使う冷蔵庫の時代に工夫をして、アイスクリームを作ってくれました。誕生日には、クリームをプリンカップの裏側でバラの花の形にして飾った、真っ白いデコレーションケーキを作ってくれて、友達からは歓声が上がったこともありました。

物はそんなになくても、とても心豊かな生活でした。

江波地区は原子爆弾の爆心地から約3キロのところ。（物心ついた頃には爆発でできた焼け跡はなくなっていたと記憶していますが、）遠くに原爆ドームが見えました。

《原爆ドームは、1915年に県物産陳列館として建設された。銅板ぶきのドームが上部に載った、一部鉄骨を使用したれんが造り。爆心地に近く、爆風がほぼ垂直に働いたために、大破したが、中心部が残った。96年に世界遺産に登録されている》

どうしてこのような無残な姿になったのでしょう。母は被爆しており、具合が悪くなると市内の原爆病院（現在の広島赤十字・原爆病院）に行きます。3、4歳くらいの時は、祖母と曽祖母が入院していたこともありました。そこには、ひどいやけどや痛みに苦しむ人たちが大勢いらっしゃる。間近に接すると、痛みや苦しみが、直接胸にきます。子供ながらに肌に感じるものがものすごくありました。こんなことがあってはならない。その時に強く思ったこと、それが今へとつながる平和への強い思いの原点だったと思います。

私たち一家4人の住まいは、一戸建ての市営住宅。キッチンが広く、庭には藤棚に、ビワや桃の木がたくさんあり、毎年たわわに実が生《な》ります。桃は虫に食われないように、新聞紙にくるんで大切に育てていました。

小さい頃はとても身体が弱く、最初の記憶は夜中に病院に連れていかれたことかもしれません。2歳くらいの時には小児結核にかかり、昼も夜も体調を崩すとお医者様に診ていただきました。親は大変だったことでしょう。そして3歳になった時、行きつけの小児科の畑川先生が「何か運動をさせてみては」と提案してくださいました。

体が弱いので遠くには通えません。その時ちょうど偶然にも家の前にある栄光幼稚園にできたバレエ教室の門をたたきました。園の放課後の時間、広島のバレエ界の草分けでいらした葉室潔《はむろきよし》先生がお教室を開かれていたのです。

《葉室潔さん（1918〜99年）は米国生まれ。ソウルに移住後、日舞、バレエを習い、45年の終戦で広島に引き揚げてバレエ研究所を開設した。原爆を主題にした舞踊を創作したほか、独自の解釈でストラヴィンスキー作曲の『春の祭典』を上演した》

これが運命の出会い、体操教室だったら、私の人生は全く変わっていた。神様が「あなたはバレエをやるんですよ」と巡り合わせてくださったのではないかと思います。バレエに出会わせてくれた神様に、心から感謝しています。

爪先立ち泣かず我慢

私の生まれる前の話ですが、１９４６年8月に日本で初めての『白鳥の湖』全幕公演が東京の帝国劇場で行われました。

《『白鳥の湖』は１８77年ロシアで初演されたチャイコフスキー作曲のバレエ作品。終戦の翌年、バレエ界の草分けたちが旗揚げした東京バレエ団（現在の同名団体とは異なる）が全4幕を上演した。小牧正英《こまきまさひで》さんが振り付け・演出し、貝谷八百子《かいたにやおこ》さん、松尾明美《まつおあけみ》さん、東勇作《あずまゆうさく》さん、島田廣《しまだひろし》さん、服部智恵子《はっとりちえこ》さんらが出演。当初の予定を5日延長して22日間も公演が行われた》

戦後間もない時期、それほど多くの人の心の飢えを、バレエが満たしたのです。芸術が心を癒やして、幸せにするというのは本当なんですね。

この公演がきっかけで全国にバレエが広がったのだと思います。栄光幼稚園にバレエ教室が開かれたのもそうした時代のことでした。

幼稚園のバレエ教室には、葉室潔研究所から武田先生と岡田先生が交替で教えにいらっ

父の準さん、母の敏子さんと
撮影年月日不明

小学1年生の時、広島市内の河原でポーズ

しゃいました。生徒は7~8人。母が縫ってくれたレッスン着と、すぐシワシワになってしまう木綿のタイツを穿いて習いました。体を支えるバーも、ピアノもないので、壁に摑まりながらレコードを聴いて踊る。ジャンプするとレコードプレーヤーの針がよく飛んだものです。

幼稚園には、ピアノや歌、習字の教室もあって、通ったのですが、残ったのはバレエだけ。バレエを始めてすぐに「これだ」と思った。親から「この子はどうなるんだろう」と心配されるぐらい、熱中しました。大通りを両親と歩いているとすぐに踊り出す、商店街でショーウィンドーに姿が映るとポーズ、「洋子ちゃん、恥ずかしいからやめて」と母親に止められたほどです。なにしろバレエをやれること、踊ることがうれしくて仕方がない。夢みたいに幸せだったのです。お陰で身体もすっかり丈夫になりました。

私は、すごく不器用なんです。教えていただいても他の子と同じように踊れない。先生からは「どうしてできないの」とよく怒られました。でも、悔やまないし落ち込まない。家に帰って畳の部屋で何回も踊っているとできるようになります。「やっていけば必ずできる」という確信が体に生まれました。バレエはできるようになるのに時間がかかります。やって、やって、やっとできるようになる、とても時間がかかるもので、終わりがない。だからいつも新しい発見があり、そこが素晴らしいところです。両親は人と比べることをせず、できた時に「頑張ったね」とほめてくれました。こうした体験がありましたので、今、松山バレエ学校に習いにくる子供たちのお母さんには「お子さんをほめてあげてくださいね」と言うようにしています。「できたね」と励ましてもらうと、また頑張ろうと思えるのです。

小学1年生になった1955年、いよいよトウシューズを初めて履きます。

《トウシューズとはバレエのための靴で、爪先が硬く、その上に体重を乗せて踊ることができる。19世紀前半から広まり、妖精などの超自然的な美の表現を可能にした。通例は小学校高学年から履き始める》

今みたいなピンクのきれいな靴ではなく、ごわごわした木綿製の靴に天竺《てんじく》の硬いヒモがついていました。このトウシューズを履いて、爪先立ちで立つと宇宙、空間がすごく広がるのです。なんて素晴らしいものを作ってくれたのでしょう。そして最初に立った人はすごい。

トウシューズで踊れることが、うれしくてうれしくて仕方ありませんでした。始めのうちは、1日のレッスンの終盤にトウシューズを履かせてもらうのですが、やがて、パ・ド・ブーレ（爪先立ちで両脚を小刻みに動かして移動する）で教室を1周する練習が始まります。すると、全体重が爪先にかかるので皮がむけて血がにじむ。ある時、痛くて泣いてしまったことがあります。母に背負われて帰宅すると、父が心配して「体が弱いのだから無理をするな。そんなに痛いのなら、やめなさい」と言われました。泣いたら大好きなバレエをやめさせられてしまう。それ以来、父の前では痛いと絶対言わない、泣かないようにもしました。そのうち、爪先が硬く鍛えられて、スクっと立てるようになると、ずっとバレエをやっていたい、一日中踊っていたいと思うようになりました。

同じ年に、広島市公会堂ができました。立派な舞台機構を備えた劇場です。そこで教室の発表会が開かれ、私は赤いトウシューズを履いて『おやゆび姫』を踊らせていただきました。それより前は、発表会は映画館。何を踊ったか覚えていませんが、記念すべき初舞台を踏んだのは、映画館のスクリーンの前だったのです。

厳格指導であざができる

広島では、様々なバレエ公演を見ることができました。谷桃子《たにももこ》バレエ団の『白鳥の湖』、貝谷八百子バレエ団の『ロミオとジュリエット』、名バレリーナのアレクサンドラ・ダニロワの公演、そして松山バレエ団の『白毛女《はくもうじょ》』。後に、私の人生を変えてしまう松山樹子先生が踊った喜児《シーアル》を見ていたのですが、その素晴らしさに気づくにはまだ幼な過ぎました。当時、バレエの公演チケット代は高かったでしょう。見せてくれた親に感謝しています。アレクサンドラ・ダニロワ一行の舞台では、その中の4羽の白鳥の踊りに心惹かれました。橘《たちばな》 秋子《あきこ》先生のバレエ団と一緒に全国を巡演していたのです。

《アレクサンドラ・ダニロワ（1903〜97年）はロシア出身の名バレリーナ。同国で長い伝統を持つマリインスキー劇場のバレエ団で活躍した後、名振付家ジョージ・バランシンらと共に伝説のバレエ団、バレエ・リュスに参加した。橘さんのバレエ学校でも指導した》

メインの演目は『白鳥の湖』の第2幕。ダニロワはオデット姫を踊りましたが、それよりもびっくりしたのは、大原永子《おおはらのりこ》さんや早川恵美子《はやかわえみこ》さんら4人の女の子による「4羽の白鳥」なのです。私より5つぐらい年上なだけなのに、どうしてこんなに素敵に踊れるのでしょう。一緒にレッスンを受けてみたいと親に頼みました。

幸運なことに、教わっていた武田先生が橘先生の学校で習われていたことがわかりました。そこで紹介していただき、小学2年生になった年の正月明けに母と上京。急行「安芸《あき》」に乗って15時間以上かかりましたね。

数日間レッスンを受けて広島に帰るつもりでしたが、先生は私のことを気に入ってくださり、公演にも出るよう勧めてくださいました。「お母さんは帰っていいです」とおっしゃり、私一人で東京に残ることに。別れ際に泣かなかったので、母は拍子抜けしたみたい。

その頃、橘先生は米国留学から帰国された娘の牧阿佐美《まきあさみ》先生を中心に牧阿佐美バレヱ団を結成されました。1957年1月末には結成記念公演で『アマリリス』という小品を踊らせていただきました。その後も東京に滞在を続け、広島に帰ったのは3年生に上がってから。学校の3学期をまるごと休んだことになります。今では学校が許してくれないかもしれません。踊れることが本当にうれしくてしかたなかったのです。

私のバレエ人生は、ベストタイミングで素晴らしい先生に出会い、教えていただくことができました。幼い頃、バレエの楽しさを教えていただいた葉室潔先生、粘り強く何度も繰り返し、無心で取り組むことを教えていただいた洲和《すわ》みち子先生、橘秋子先生、牧阿佐美先生。そのあと松山樹子先生、ルドルフ・ヌレエフさんやマーゴ・フォンテインさんなどの芸術的な指導が、70年以上も踊り続けることができる肉体と精神の土台を作ってくださったと思います。先生方のバレエへの深い愛と根気に、何よりも感謝しています。

一方、葉室潔先生のもとでは、童謡や童話を基にした作品を踊らせていただき、歌うように楽しくと、踊ることの楽しさをたくさん教えていただきました。その葉室先生が、洋子ちゃんは本格的にクラシックをやったほうがいいと、広島で古くから教えていた洲和み

小学1年生の時、発表会で踊る

小学4年生の時「白鳥の湖」の衣装を母・敏子さんに直してもらう

ち子先生に習うよう勧めてくださり、洲和先生のところに自分が直接連れて行ってくれました。教え子を手放すという葉室先生にとってもとても大きな決断だったと思います。

《洲和みち子さん（1914～96年）は広島県出身。ロシアなどのバレエ団で活躍し、宝塚音楽歌劇学校（現宝塚音楽学校）で教えていたエレナ・オソフスカヤさんに師事。戦時中は朝鮮や中国への慰問団の団長を務めた。46年に満州（現中国東北部）から引き揚げ、広島にバレエ研究所を開設した》

洲和先生はとても厳しく、バーの中で他の人の稽古を見ている時でも、常にトウシューズで立っているように言いました。それもいつ終わるのかわからないくらい長い間。自分の番がくると、爪先で立てずに、落ちてしまうこともあります。痛みから踊る時にバランスを崩してしまうと、「この根性なし」と、ハタキの棒で太ももをびしっと叩かれる。あざやみみずばれができました。親はただ黙って私に薬を塗ってくれたものです。

あの怖さ、迫力は今でもはっきり覚えています。子供だからといって甘やかすことなく本気で怒る。一人の人間として真剣に向き合うことで、一瞬一瞬命をかけてやるんだということを教えていただきました。人間の精神が持つ強さ、死力を尽くす大切さを伝えようとされていたのではと思っています。

寝台特急で東京通い

小学校3年生になると、夏休みや冬休みを利用して、東京の橘秋子先生のバレエ学校に通い始めます。

当時、広島から東京までは、寝台特急「あさかぜ」で約12時間。通い始めた頃は、子供の一人旅は危険だからと、夜中でも灯りがつくグリーン車。母が車掌さんに頼んでくれたお陰で、朝は食堂車に連れて行ってもらいます。

携帯電話や電子メールがない時代でしたから、もっぱら電報で連絡を取り合いました。行きには「ムカエタノム」と先生方に打ち、東京駅に着いたら、迎えにきた先生が「ヨーコ　ブジツイタ」と返してくれました。それを読んで、両親は胸をなで下ろしたそうです。この電報を見るまで一睡もできなかったと後から聞きました。この頃から両親は、私のことを「バレエにあげた子」と思うようになったようです。

東京通いには費用がかかるため、料理の得意な母は、市内の中心部で「きっちんもりした」という洋食レストランを始めました。着物に割烹着《かっぽうぎ》姿でステーキを焼く姿は勇ましかったですよ。

母は「お客様の身になって焼くこと」「お客様の好みを覚えて料理を調《ととの》えること」にこだわっていました。やがて、店は大変繁盛して、プロ野球の広島カープの選手はもちろん、巨人や大洋（現ＤｅＮＡ）の選手も遠征の時にやって来て、ステーキを２枚も３枚も食べて行ったそうです。

広島市民球場へも行きました。初めて試合を見に行った時、照明灯がものすごく明るかったのでびっくり。広島カープは市民が作った球団ですから、まるで身内のように大切に思えて、今も応援しています。

母が洋食屋さんを始めると、岩国《いわくに》に住んでいた祖母の山根晴世《やまねはるよ》と母の妹で私の叔母の正子姉ちゃんが引っ越してきて、母と叔母が店を切り盛りするようになり、祖母は私と妹の世話をしてくれるようになりました。

祖母も母も被爆をしています。祖母は原爆が投下された日、爆心地の近くで奉仕団として作業をしていて、そこで被爆。左半身を焼かれて運ばれた江田島《えだじま》の兵舎でお坊様からお経を上げてもらったと言っていました。周りは亡くなった人ばかりだったのでしょう。母も学徒動員で兵器工場にいて被爆。焼け野原となった市内で祖母を捜し回り、２日後にようやく出会えたそうです。

祖母は、左半身全部にやけどを負い、コルセットを着けて生活していました。癒着した手の指は手術で剝《は》がしてもらったけれど、親指しか動きません。でも、「動かないけれど、親指が使えるとこうやって洗濯ができる」と前向きに捉え、明るく笑う。洗濯板を器用に使って洗い物をし、裁縫もしていました。銭湯にも平気で行きました。悲嘆に暮れたり、愚痴を言うことなく、命に感謝し、常に明るい気持ちを持って過ごしていた。生きる喜び、生きていられることの素晴らしさを孫の私たちに伝えてくれたのです。

困難に直面しても、一つのことをどう考えるかで人生は大きく変わります。物事の良い面を捉えて、プラスに考え、こつこつ自分のできることをやっていけば、必ず道が拓《ひら》ける。やっていけばできるようになる、少しずつでも大丈夫、そう前向きに考えられるようになったのは、祖母の強さを見てきたから。年を重ねるにつれて、より強く祖母の生き方の美しさ、強さを思い出すようになっています。

真冬の滝行と精神鍛錬

「素晴らしいバレエを一生の仕事にしたいから、東京に行きたい」

小学6年生になった時、両親に決意を伝えました。バレエは生きていくことそのもの、そう思えたのです。バレエの道で生きていきたい。そのためには、夏休みや冬休みに橘先生のところに通うだけではなく、毎日もっともっとレッスンを受けたい、転校して東京に行こう、そう決めました。

《橘秋子さん（1907〜71年）は栃木県出身。日本で初めてのバレエの稽古場を神奈川県鎌倉市に開いたエリアナ・パヴロワに師事。50年に橘バレヱ学園を設立し、早期教育や精神鍛錬を重視して数多くの後進を育てた》

意志の強さに負けたのでしょう。両親は、バレエにあげた子なのだから、知らない世界だからお金は出すけれど口は出さない、という姿勢でポンと放り出してくれました。踊りを通して、人間として強くなってほしい、という思いがあったのでしょう。今思うととてもすごい勇気です。両親のこの決断がなければ、私のバレエ人生は大きく変わっていたでしょう。親の勇気に心から感謝しています。

東京では、中国新聞東京支社に勤めていた知り合いの方の家に下宿し、武蔵野市立第一小学校に転校、吉祥寺《きちじょうじ》にある橘バレヱ学校へ毎日通い始めました。300坪以上ある土地に、大きな校舎が2つ建っていました。

橘先生は、「バレエだけでなく、人間として自分を高めていかないといけない」というお考え。また、帝王学というのでしょうか、主役を踊るなら、その後ろに何百人という人がついていくのだから、何があっても自分が引っ張っていくという強い意志を持たないといけない、ということもおっしゃり、ご指導はとても厳しいものでした。

レッスン前には、足腰を鍛えるためにぞうきん掛けや、玄関のお掃除。レッスン後には、先生やほかの生徒の食事の準備。時間がなくて急いで作った時などは「気を抜いたわね」とすぐに言われます。衣装を直す技術も学び、後に海外で踊る時に大変役立ったものです。お茶やお花、小笠原流礼法も習ったほか、滝修行もありました。橘先生は、滝に入る時の気迫は、舞台を一人で背負って立つ時と同じだとおっしゃる。国鉄（現JR）の高尾《たかお》駅から4キロぐらい歩いて滝に到着すると、お経を読み、座禅を組んで精神統一。大きい深呼吸を10回、小さい深呼吸を100回――などとやっているうちに足がじんじんとしびれてきます。滝に打たれると、真冬は寒いのを通り越して痛い。先生は「精神を集中させるのです。滝に打たれて風邪をひく人間はおかしい」とおっしゃる。その通りで誰も風邪などひきませんでした。

普段の稽古では、エシャッペやシャンジュマンといった基本の動きを毎日100回繰り返すとか、5分間同じ姿勢を続けるとか、洲和先生と同じように基本を大切にしたお稽古でした。学校に通いながら夜遅くまでレッスンというレッスンをすべて受けていたので、先輩たちから心配されることもありました。でもバレエに打ち込めることがとてもうれしかったので、疲れるということを知りませんでした。

武蔵野市立第一中学に進んだ私は、バレエ学校の寄宿舎へ入ります。橘先生が振り付けを始めるのはいつも夜中。眠りにつくと橘先生に呼ばれ、同じ門下の大原永子さんと作品作り。朝が来ると学校へ行き、戻ったらいただいた振りをみんなに伝える。若かったからできたのだと思います。

橘先生は、命をかけて教えてくださったのでしょう。葉室先生も、洲和先生も、橘先生も、牧先生も、人間としての強さと信念を持って、指導してくださいました。今のほうが合理的になっていますが、基礎を大切に、根気よく、何度も回数をこなすことの大切さを教えてくださったことにとても感謝しています。

極寒の中、笑顔のグラビア撮影

2000時間というレッスンの目標時間をクリアしたため、上京した翌年、1961年の正月明け、牧阿佐美バレヱ団と橘バレヱ学校の合同公演で、ベートーヴェンの交響曲第5番をバレエ化した『運命』の主役を踊らせていただくことに。おかげさまで、「12歳のプリマ」として、新聞や雑誌で大きく取り上げていただきました。この公演が、橘バレヱ学校の卒業公演になったのです。

また、その頃『りぼん』『なかよし』『マーガレット』など少女漫画雑誌のグラビアに大原永子さん、川口ゆり子さんら仲間たちと登場するようになりました。

《1950～60年代の少女漫画雑誌では、バレエ漫画が人気だった。教師や相手役の男性への思い、母親との別離、高慢なライバルとの競争、血のにじむ特訓など、〝スポ根〟漫画の原型になった》

撮影のために、長野県の上高地《かみこうち》には何回も行きました。「虹の天使」など設定されたテーマに従って、水辺でにこやかにポーズ。正月には、初日の出を撮るために千葉県の銚《ちょう》子《し》に。寒い中をずっと待って何回もポーズの練習をしていると、ようやく「日が出たー！」って声がかかる。太陽が水平線の近くにいるのはほんの数分ですから、失敗が許されません。ガクガク震えながらも、笑顔でポーズを取りました。

64年には、東京オリンピックにちなんだ撮影がありました。国立競技場（当時）の聖火台の上で、赤いチュチュ姿でアラベスクをして。「赤い妖精はさしまねく　かわいい聖火がよんでいる　たのしいな世界のオリンピック」という文章と共に雑誌に掲載されました。これがオリンピックの聖火台なんだ、と感慨ひとしおでした。

トウシューズで長時間立ち続けるには体を鍛えておかなければならず、見た目以上に大変です。少しでも気を抜くと、「つらそうな顔をしてはいけません」と橘先生から注意される。この時代は雑誌のグラビアも漫画も、バレエ一色。少女雑誌の仕事は、滝の修行と同じで、鍛えることの一環でもあり、人生の一瞬一瞬にどうふるまうのが美しいのか、芸術の道の修行の側面もあったと思います。

踊るだけでなく、毎月のように撮影でいろいろな場所に出かけていましたから、学校にはあまり行けません。でも、周りのみんながとても優しく接してくれ、たくさん助けてくれました。広島から東京の小学校に転校した時、担任の女の先生が「広島から東京に、バレエをするために転校してきた森下さんです。みんな仲良くしましょうね」と呼びかけてくださったのを覚えています。当時、東京から広島に行くには丸1日かかりましたから、一人で上京するのがどれだけ大変なことか、前もって説明してくださっていたのでしょう。

中学では、「私の授業の時は寝ていていいわよ」と言ってくださる先生もいました。授業に出られない日が続くと、友達が「洋子ちゃん、忙しいんだから見せてあげる」とノートを貸してくれます。みんな「洋子ちゃんは気さくで普通な感じがする」と言って、仲良くしてくれました。

本が好きでしたので、図書室に通ってはマリー・アントワネットの伝記を読みました。悲劇の王妃の純粋で、ドラマチックな生き方に惹《ひ》かれたのです。貧しい庶民に向かって「パンがなければケーキを食べればいいじゃない」と発言したというエピソードで知られ

12歳で本格的にバレエの道に進んだ

学校では仲間たちが
支えてくれた

ていますが、その発言はハプスブルク王家に生まれ育った彼女の純粋さから生まれたもの、決して傲慢さから出た発言ではないのでは、と私は思っていました。

芥川龍之介《あくたがわりゅうのすけ》さんの『蜘蛛《くも》の糸』や太宰治《だざいおさむ》さんの『人間失格』も読みました。作品を通して、作者の生き方に思いをはせましたね。太宰さんの純粋さ、自分に正直に生きる奔放さにその頃、打たれました。『蜘蛛の糸』は、作品を踊らせていただいたこともあったのです。

高校は、私立の吉祥女子高等学校。公演の直前は休みがちでしたし、運動会や修学旅行などの学校行事も全く参加できませんでした。3年生になると、私を卒業させるために担任の先生が、「最後の3学期だけは休まないでくれ」と助言してくださったことも。

先生や同級生たちは私を励まし続けてくれ、ある舞台では、カーテンコールが終わって会場が明るくなった時、客席後方が吉祥女子の制服でいっぱいに埋まっているのが見えました。先生と同級生や先輩300人ぐらいが、チケットを購入してわざわざ駆けつけたのです。学校を挙げて応援してもらったことが、何度もありました。中学や高校の時の友達は今も仲間同士で集まって、私の舞台を見に来てくれていて、お孫さんたちまで来てくれることもあります。本当にありがたいなと思っています。

恩師訪ねてニューヨーク留学

1969年、一度海外を見ておこうと思い、ニューヨークへ行くことにしました。日本でも習っていたイゴール・シュヴェッツォフ先生が現地にいらっしゃるからです。

《イゴール・シュヴェッツォフ（1904～82年）はロシア生まれの名バレエ教師。踊り手としては、ニジンスカが関わったアルゼンチンのコロン劇場のバレエ団などで活躍した。来日の際には橘バレヱ学校で教えていた》

両親は、私を一度は海外に出すと約束していて、費用を工面、出発前には、広島の名士である東洋工業の松田恒次《まつだつねじ》社長にあいさつに行きました。

《松田恒次さん（1895～1970年）は大阪府出身。広島県が本社の自動車メーカー、東洋工業（現マツダ）の実質的な創業者の長男。ロータリーエンジンの開発・実用化に尽力して、同社を大きく育てた。プロ野球、広島東洋カープの初代オーナーでもある》

松田社長は目をギョロリとさせて「何が欲しいんだい」とお聞きになりました。私は、現地にツテがなかったので「お金はいりませんので、どなたか現地のお知り合いの方を紹介してください」とお願いしました。すると、社長は資金援助を頼まれると予想していたのか意外そうな様子。「そんなことを言われるのは初めてだ。いくらでも紹介してやるよ」とおっしゃり、私を気に入ってくださいました。

1969年4月、バレエ団の仲間の武者小路有紀子《むしゃのこうじゆきこ》さんとニューヨークに到着しました。到着は夜。車に乗って、だんだん摩天楼《まてんろう》が近づいてくるのを見ると、夢の世界に入っていくようです。

運が良かったことに、シュヴェッツォフ先生の従妹《いとこ》さんがハワイに出かけていたので、私たちは彼女の部屋に住まわせていただきました。また、松田社長の取り計らいで様々な方が食事に招待してくださり、とてもありがたかったです。

当時の私の1日をご紹介しましょう。まず、朝はシュヴェッツォフ先生のレッスン。午後はアメリカを代表するバレエ団、アメリカン・バレエ・シアター（ABT）のスタジオに行き、レオン・ダニエリアン先生はじめ素晴らしい先生がたのレッスンを受けます。

《レオン・ダニエリアン（1920〜97年）は米国生まれ。名振付家のミハイル・フォーキンやアントニー・チューダーらに師事。バレエ・リュス・ド・モンテカルロなどでダンサーとした活躍した後、バレエ教師になり、アメリカン・バレエ・シアター・スクールのディレクターを務めた》

当時、ニューヨーク・シティ・バレエ団の一番の若手だったゲルシー・カークランドなど各バレエ団の人たちと一緒にレッスンしました。みんなダニエリアン先生のレッスンを受けたくて来ていたのです。レッスンの終盤になると、先生たちの指名で、最前列で受けさせていただけることが多かったです。夕方は少し休憩し、夜はバレエ公演を見に出かけます。

シュヴェッツォフ先生は静かに教える方でした。身体を生かした歌い方や、芸術的な面を引き出してくださり、大変大きな学びをいただきました。また、先生の勧めで、地元のモレリ・バレエ団という小さなバレエ団に客演して、『白鳥の湖』の「黒鳥のグラン・パ・ド・ドゥ」を黒鳥オディールとして踊らせていただきました。

当時、ニューヨークのメトロポリタン歌劇場では、英国ロイヤル・バレエ団が6週間も公演していました。倹約してはいい席のチケットを手に入れて、何回も見に行ったものです。留学期間の最後に見たのは、マーゴ・フォンテインとルドルフ・ヌレエフが主演した『眠れる森の美女』。ロイヤル・バレエ団の千秋楽でした。オーロラ姫役のフォンテインが出てきた瞬間、閃光《せんこう》が走ったような衝撃を受けました。一瞬すべてが飛び散るくらいの華やかさ、自分のすべてを投げ出して、わっと出てくる侍みたいな潔さ。すごいバランスをとるわけでもなく、足を高く上げるわけでもないのに、登場した瞬間、すべてをのみ込んでしまうような凄《すご》みがあった。今でも目に焼き付いています。彼女が舞台の階段を降りてきただけでも、歌劇場が揺れるほどの大歓声が起こりました。

ニューヨーク・シティ・バレエ団による名振付家ジェローム・ロビンズの『ダンシズ・アット・ア・ギャザリング』の世界初演もステーツシアターで見ました。アレグラ・ケント、ヴィオレット・ヴェルディ、パトリシア・マクブライドなど、音楽と一体になった踊りがすてきで、終演後はお客さんが総立ちに。

ロイヤル・バレエ団の後にメトロポリタン歌劇場で公演を行ったのは、ドイツ（当時は西ドイツ）のシュツットガルト・バレエ団です。当時、大変な話題になった振付家のジョン・クランコが手がけた『オネーギン』や『じゃじゃ馬ならし』などを見ました。

《ジョン・クランコ（1927～73年）は南アフリカ出身の名振付家で名芸術監督。英国ロイヤル・バレエ団などで振付家として活動した後、シュツットガルト・バレエ団の芸術監督に就任。森下さんの見たMET公演は「シュツットガルトの奇跡」と絶賛された。ジョン・ノイマイヤー、イリ・キリアン、ウィリアム・フォーサイスら数多くの優れた振付家を育てた。1973年、45歳の時に、3度目の米国公演から帰る途中、飛行機内で急死した》

文学作品や喜劇がバレエになっていることに驚きました。ロイヤル・バレエ団の公演で

アメリカン・バレエ・シアターの稽古場でレッスンを行う（©エー・アイ。飯島篤さん撮影）

新作バレエ『青のコンチェルト』を清水哲太郎さんと踊る（©エー・アイ。飯島篤さん撮影）

は、ヒロイン役は複数のキャストでしたが、シュツットガルトは3週間の公演中、マリシア・ハイデがずっと主役を務めました。踊りと演技が一体化した役者ぶりも面白かったですし、役に身体ごとぶつかり、命がけで踊っているよう。拍手するのを忘れるほど深く感動しました。

そのような日々を経て、世界中のバレエを見たい、ヨーロッパにも行きたい、と真剣に考えるようになったのです。

未来の夫の問い「なぜ踊る」

初めてのニューヨーク留学は3か月間でした。帰りの飛行機の中では「人類が初めて月に到着しました」というアナウンス。見知らぬ周りのお客さんと喜び、乾杯しました。帰国後は休む間もなく、8月公演のリハーサルに参加します。そこで、大きな出会いがありました。後に結婚する清水哲太郎さんと初共演したのです。

《清水哲太郎さん（1948年〜）は、松山バレエ団を創設した松山樹子さんの長男。66年に指揮者を志して北京の中央音楽学院に留学したものの、文化大革命で音楽院が封鎖されたため、中国中央バレエ団でバレエを学んだ。68年に帰国》

清水さんは、中国から帰国したばかりで注目されていました。振付家の関直人《せきなおと》先生が「洋子ちゃんと踊ったら面白いのでは」とおっしゃり、清水さんをゲストに招いて『青のコンチェルト』という作品を創作してくださいました。

《『青のコンチェルト』はバッハのヴァイオリン協奏曲第1番に振り付けた作品で、男女2人を中心に踊る。物語はなく、若いエネルギーやみずみずしさを表現する》

清水さんと初めて踊った時、胸にズシンとくるような存在感がありました。支えるだけではなく、自ら強く発信するものがある。そして、バレエに対する思いの深さがすごいと感じました。

関先生が指示してくださる振りやステップを、清水さんは黙々と踊っていました。バレエを始めたのが16歳と遅かったこともあり、体を動かす前に振りの意味を論理的に考えて、掘り下げずにはいられなかったのだと思います。

リハーサル期間の終盤、2人で稽古場に残って反復練習をしていると、清水さんがポツッとつぶやきました。私にとって、生涯忘れられない一言です。

「何のために踊るの?」

ハッとしました。「好きだから」と答えようとしましたが、「ちょっと違う」と思い止《とど》まりました。

その時清水さんから問いを突きつけられ、多くの人に喜んでいただくことが私の使命なのかもしれないと感じ、ズンときました。

その思いと言葉の大切さは、年を重ねるにつれ、私の中でより深く、大きなものになっていくように感じます。清水さんの問いかけた言葉は、私のバレエ人生にとって最大のターニングポイントになりました。

私たちの『青のコンチェルト』をご覧になった方は、私たちの将来の活躍を予感されたそうです。「従来の若手には見られなかった新鮮なコンビ」と書いてくださった新聞評も出ました。

その後、2度目の海外留学に出発する前は、母が上京して準備を手伝ってくれたのですが、友人たちが毎日のように送別会を開いてくれて、あまりに帰宅が遅くなるので母が心配することも。バレエ以外の友人たちとも、この時期、親交を深められたことはとても良かったです。帰国すると、それまで以上にバレエに集中するようになりました。

ニューヨークデビュー後、単身ヨーロッパへ

1969年12月、再び、武者小路有紀子さんとニューヨークに旅立ちました。今回はニ

ユーヨークだけでなくヨーロッパも回りたいと思っていたのです。旅費を工面するために、再び東洋工業の松田恒次社長にお世話になり、ニューヨークのお弁当屋さんを紹介していただきました。社長が行きつけにしていた広島の料亭の板前さんが経営する店で、人生最初で最後のアルバイト。当時、日本食を出す店は珍しかったので大忙しです。シュヴェッツォフ先生のレッスンは午前10時半開始でしたから、その前に働く日は3時起き。まだ真っ暗で雪が降る中、71丁目のアパートから地下道を抜けて地下鉄で通います。街中や車内はたばこの吸い殻やゴミだらけ。歩道の建物の側を歩くと連れ込まれる恐れがあるので車道側に寄ったほうがいいと注意をされましたから、相当治安が悪かったのでしょう。

お店に到着するとお弁当箱に料理を詰め、包装。レッスン後にお店に行く時は仕込みの手伝いで、延々と卵を割り続けたことも。まかないで幕の内やお刺し身など豪華なお弁当をいただけたので、とてもありがたかったです。

翌年4月、ニューヨークでデビューをしました。前回留学した時に踊った「黒鳥のグランパ・ド・ドゥ」が好評だったため、シュヴェッツォフ先生の知り合いが、『ダンス・アーチスト・オブ・ジャパン』という公演を制作してくださったのです。演目が増えてリハーサルは大変でしたが、ニューヨークタイムズに「明らかに、世界で一流のアーティストの一人として認められる若い女性だ」というありがたい公演評が載って、とてもうれしく思ったのを覚えています。

公演を終えると、ニューヨークに残る有紀子さんと別れ、私一人でヨーロッパへ向かいました。1か月ほどの旅、松田社長のお陰で、商社などの駐在員の方が行く先々で温かく迎えてくださり、大変心強かったです。

ドイツでは、ニューヨークで見て大変感激したシュツットガルト・バレエ団の見学へ。団員の小川起代子《おがわきよこ》（当時は石松京子《いしまつきょうこ》）さんが歓迎してくださり、レッスンを受けさせていただきました。稽古場に行けば、さらに感動することが。マリシア・ハイデ、リチャード・クラガン、ジョン・ノイマイヤーやイリ・キリアンと、ニューヨークで『じゃじゃ馬ならし』を踊っていた人たちが勢ぞろいしているのです。ハイデは私に気づくと「ジョンを呼んで」と慌てて電話を掛け始めました。ジョンとは芸術監督のジョン・クランコのことです。

バレエ団は活気があって自由な雰囲気。クランコは、ハイデやクラガンらと、意見を出し合いながら振り付けをしています。私に優しく接してくださり、「ぜひ主役で」と入団も薦めてくださいましたが、「私は日本人なのだから、日本で踊ります」とお断りさせていただきました。

ベルギーでは、当時最も注目されていた振付家のモーリス・ベジャールが率いる20世紀バレエ団を訪ねます。

《モーリス・ベジャール（1927〜2007年）はフランス出身。20世紀最高の振付家と言われる。男性ダンサーを押し出したパワフルな群舞で舞踊本来の祝祭性を回復させた。代表作は『ボレロ』『春の祭典』など。20世紀バレエ団は1967年に初来日し、東京体育館に円形舞台を組んで『ロミオとジュリエット』を上演し、話題を呼んだ》

来日公演で、代表作の『春の祭典』やパオロ・ボルトルッチの踊りを見ていました。ブリュッセルでも『ロミオとジュリエット』の公演に行き、パオロのロミオの美しさに感動。レッスンに参加すると、ベジャールも「主役にしたい。ジュリエットは洋子に合っていると思う」と誘ってくださいましたが、感謝しながらも先の理由からお断りさせていただきました。団員の宇田川栄作《うだがわえいさく》さんは「いい条件なのにもったいない」と驚いていましたけれど。

各都市で2、3日の短い時間の滞在でしたが、とても密度の濃い時間。あの時、どちらかのバレエ団に入っていたら、70年も踊り続けることはできなかったでしょう。バレエ団は芸術監督の個性が強く反映されますから、監督が交代すれば団の方針や方向性が変わってしまう。クラシックバレエを踊り続けるためには、あの時の選択は正しかったと思っています。

生涯の師・松山樹子の『白毛女』に涙

2度目の留学中もバレエ公演を見るチャンスが数多くありました。ニューヨークでは、ゲルシー・カークランドが出演した『ダンシズ・アット・ア・ギャザリング』の再演を見ました。ロンドンでは、英国ロイヤル・バレエ団の『ジゼル』など。アメリカやヨーロッパ各地でいろいろなバレエを見ました。

しかし、帰国後の70年5月に見た松山バレエ団、松山樹子先生の『白毛女』には、全く違う感動を受けました。子供の頃に広島でも見ていましたが、大人になって受けた衝撃はとても大きなもの。

《『白毛女』は解放前の中国で広がった民間伝承を基にした作品。貧しい農民の娘・喜児《シーアル》が悪徳地主に虐《しいた》げられ、山奥に逃れる。厳しい自然の中で生き抜く苦労から髪の毛が真っ白になるが、八路《はちろ》軍に入った婚約者の大春《ターチュン》と再会し村を救う。中国では45年にオペラ、50年に映画化。バレエ版は中国に先駆けて55年に松山バレエ団が創作した。振り付けは松山樹子、作曲は林光《はやしひかる》、演出は土方与志《ひじかたよし》、台本は石田種生《いしだたねお》らが手が

20代の頃。稽古中の1コマ
（©エー・アイ。飯島篤さん撮影）

『白毛女』を踊る松山樹子さん。
のちに森下さんの終生の師となる
（©エー・アイ。飯島篤さん撮影）

けた》

海外で見た華やかな舞台と違って、セットも衣装も質素。白毛女役は松山樹子先生です。白毛仙女《せんにょ》になって最初に現れる場面で息を呑《の》み、見ているうちに気がつくと涙が出ていました。魂に深い衝撃を受けて、出てきただけで世界が変わるみたいで鳥肌が立ちました。松山樹子というアーティストのすごさ、ただ立っているだけなのに、平和を摑み取っていくんだ、この世界を変えていくんだ、というような強い意志、メッセージがすべて出ていた。体ごとぶつかって役を作り上げていく表現力に感動したのです。中に強いメッセージがないと踊りはだめなんだ、と気付いてズンと来た。清水さんの言う「なんのために踊るのか」というところにも通じます。

また、主役だけでなく脇役の人たちも作品を深く理解しており、表現に厚みが増していて、心打たれました。

《松山樹子さん（1923～2021年）は鹿児島県出身。日劇に設立されたクラシック・バレエ科の1期生として、サンクトペテルブルクのバレエ学校で学んだオリガ・サファイアに師事。東勇作バレエ団でも活躍した。46年に『白鳥の湖』の日本初の全幕公演に出演。48年に松山バレエ団を創設した》

ぜひ松山先生に教わりたいと、強く思いました。松山バレエ団に入団させてほしいとお願いしましたが、この時は「もう少し頑張ってみては」と言われました。

71年5月に橘先生が亡くなられると、私は意を決して、再度、松山先生を訪ねたのです。先生はしばらく考えて、「あなたは踊りだけに専念しなさい」とおっしゃり、入団を認めてくださいました。きっとご主人の清水正夫《まさお》先生と共に、私を雑音や逆風から守ってくださったのでしょう。

ここから、私の人生は大きく動き出します。同年9月からは松山バレエ団の中国公演に参加させていただきました。しかも、先生から「洋子ちゃん、喜児をやりなさい」と言い渡されて。私はまた一からやり直すつもりで、どんな役でもいいと思っていましたから、本当に驚きました。

『白毛女』は、自分たちでこの世界を変えていく、道を切り拓いて平和を摑み取る物語ですから、喜児役は絶対的な明るさ、たくましさ、前向きさを兼ね備えていなければいけません。松山先生はただ舞台に立っているだけで、それらすべてを出されていた。自身の中に人々に届ける強いメッセージを持っていなければだめだと、全身でもって教えてくださっていたのです。

松山バレエ団のバレエに対する取り組み方には特色があり、まず各作品の台本などをみんなで読み込んでいきます。そして自分の踊りだけでなくストーリーや作品の全体像を理解し、ただ踊るだけではなく内面を深めて、レッスンやリハーサルに臨んでいくのです。最初は驚きましたが、さらに深く学びたい一心で、先生や演出部の方に様々な質問をしました。そして、松山先生のお姿を胸に刻み、初めての中国公演では夢中で踊りました。

熱烈な歓迎を受けた中国公演

この時は、中国北京《ペキン》の劇場にたどり着くまでが大変でした。71年当時は日中の国交が回復しておらず、英国の租借地だった香港《ホンコン》を経由する必要がありました。

《松山バレエ団の大規模な訪中公演は、この時で3回目。松山樹子さんが1955年にヘルシンキで開かれた世界平和大会に参加した帰途、中国に招かれ、その際、周《しゅう》恩来《おんらい》総理が「『白毛女』を持ってぜひ中国にいらっしゃい」と発言したことから58年に初の訪中公演が実現した。『白毛女』は農村の解放をテーマにしていたため、戦争で苦しんだ後、新しい社会を築こうとしていた庶民の心を捉えた。64年の第2回訪中公演で『祇園祭《ぎおんまつり》』を上演した際は、毛沢東《もうたくとう》主席も観劇した》

香港の九竜《カウロン》から汽車に乗って境界線付近の羅湖《ローウー》駅で降り、川の向こうの中国領の深圳《シンセン》駅まで200メートルぐらい線路沿いを歩く。それから列車で広州《こうしゅう》に行き、飛行機で上海《シャンハイ》を経由して北京に。嵐で8時間ぐらい足止めされたため、北京到着は夜中の1時頃になってしまいました。着陸前、ふと外を見ると驚きました。滑走路の脇に人がずらりと並んでいるのです。聞けば、昼頃から私たちの到着を待ち続けていたとか。翌日の生産活動に備えて帰られた人がいたものの、5000人は残ってくださったそうです。

飛行機から降りると、ジャンジャンと銅鑼《どら》や太鼓が鳴り響き、「熱烈歓迎　日本松山芭蕾舞団」と呼びかける歓声、拍手に包まれました。私たちは『白毛女』に登場するヤンコーという中国の踊りを披露して感謝を伝えました。

訪中公演は9月から12月までで、『白毛女』『ベトナムの少女』『沖縄の五人娘』の3作品を上演しました。北京、延安《えんあん》、西安《せいあん》、武漢《ぶかん》、長沙《ちょうさ》、韶山《しょうざん》、上海、広州を、私たちバレエ団とオーケストラ、合唱隊の総勢180人が16両編成の特別列車に乗って巡演したのです。

北京では、周恩来総理がとてもお忙しい合間を縫って公演を見に来てくださり、休憩時間に接見させていただきました。大変緊張しましたが、握手した手がとても柔らかく、温かい人柄が感じられました。「あなたたちは大切な友人です」とおっしゃってくださったのが忘れられません。

中国革命の聖地でもあり、「白毛女」が生まれた場所でもある、延安での公演も印象に残っています。

《延安は中国中央部、陝西省《せんせい》の高原地帯に位置する。1937〜47年に共産党中央の各機関が置かれ、抗日戦争などの根拠地となった》

会場は岩盤の上に建てられた延安大礼堂でした。革命史を語る上で重要な建物ですが、周囲に砕いた岩がうずたかく積まれています。理由を聞くと、オーケストラピットを作るために、わざわざ舞台下の岩を砕いて掘り出したのだとか。これほど大がかりなことをしてまで、私たちを迎えてくれたのです。

第3回訪中公演から45年後の2016年に延安にお招きいただいた時は、現代的な大都市に成長しており、大変驚いたのですが、1971年の訪中時は、周りの険しい山々の岩肌に草も木も生えておらず、山道を行くバスで長い時間揺られながら移動しました。『白毛女』で、喜児が悪徳地主に捕まった後に逃げ込む山奥は、まさにこのような厳しい環境だったのでしょう。でも、彼女は黒髪が真っ白になるほど辛い経験をしても生き抜きます。私も何物にも屈しない強さを身に付けなければ、と気を引き締めました。

また、人民解放軍の基地や人民公社（共産党の農村組織。集団農場など）にも行き、兵士や農業に従事する人たちの前でも『白毛女』を踊りました。どこに行っても熱烈歓迎してくださり、みんな涙を流して喜んでくださったのです。喜児を通して、人々の温かさ、素朴さ、力強さに触れることができました。現地の方に、喜児のような社会的地位にいた女性の生活や、その頃の中国の状況について質問したこともあります。皆さんにとっては当たり前のことかもしれないと思っていたのですが、心から親切に教えてくださったのです。中国の皆さんはどなたも熱く温かかった。そして澄んだ目をしていた。喜児もきっと美しい目を持っていたのだろうと思い、私は懸命に踊り続けました。

帰国する日が来た時、それまで2か月半も一緒に旅をしてすっかり家族のようになった人たちと別れるのが悲しくて、深圳の線路を歩きながら泣いてしまいました。

バレエを通じて中国の皆さんとの厚い友情が育まれたことがとてもうれしく、私の中でも大切な宝物の一つになっています。この翌年、日本と中国は日中国交正常化を果たします。その年は、バレエ外交と言われるように、上海バレエ団が正常化に先駆けて来日公演を行いました。清水さんは日生《にっせい》劇場の舞台袖で衣装を着て不測の事態に備え、私は衣装のアイロンかけなど、舞台裏のお手伝いをさせていただきました。バレエ団の帰国後、約1か月で日中共同声明の調印。バレエが両国の友好の気運を高め、国交正常化に向かう力となりました。2022年は日中国交正常化50周年、そこに至るには、日本と中国、そして全世界の架け橋になろうと、自分の背骨を渡し、自己犠牲の、目もくらむような美しい橋を架けてくださった先人、先輩の皆様のお力があります。そうした先人、先輩の皆様への心からのお慕いと感謝、そして、日本人として中国への深い贖罪《しょくざい》の気持ちをお伝え申し上げたいと思っています。

初めての国際バレエコンクール

「洋子ちゃん、コンクール出ないの？」。高校卒業後、第一線で踊るようになると、いろいろな人にそう尋ねられるようになりました。これまでは、コンクールとは無縁。芸術は点数で決めるものではないと、スポーツのように競い合うことに疑問を持っていたのです。でも、一度は世界のバレエを体感したいと思い、1974年7月、清水哲太郎さんと一緒に、第7回ヴァルナ国際バレエコンクールに挑戦しました。

《ヴァルナ国際バレエコンクールは64年に創設され、最も長い歴史を持つ権威あるコンクールだ。ブルガリアの黒海に臨むリゾート地、ヴァルナで2年ごとに開かれている。プロが競い合う厳しい大会である》

出場を決めた時に周りの人からは、「絶対、金賞ですね」と言われ、私は初めて国を背負うオリンピック選手のように、大きなプレッシャーを感じました。

この年は4月まで『白毛女』の全国公演があり、5月は定期公演で『レ・シルフィード』を踊っていました。ですから、コンクールの稽古に本格的に着手したのは6月に入ってからです。稽古場には、松山先生だけでなく、日本のバレエの草分けである服部智恵子先生と島田廣先生ご夫妻も来てくださいました。

初の中国行きの時と同様に、現地にたどり着くまでが本当に大変。モスクワのホテルで1泊してからヴァルナ入りする予定でしたが、モスクワ空港で税関を通れず、そのうち、ホテルの空室がないと告げられ、結局、ロビーで1晩過ごす羽目に。ロシアの6月末はまだ寒く、硬いイスの上で震えながら寝ました。翌日、ヴァルナのホテルに着くと、真っ先にレオタードを取り出し、稽古場へ。

大会は7月8日から25日まで開かれ、24か国から115人が出場しました。会場は野外劇場だったため、雨にたたられました。1次予選の初日は延期され、結局、出場者全員が体育館で踊ることになったのです。私たちの演目は「『ドン・キホーテ』のグラン・パ・ド・ドゥ」。

《グラン・パ・ド・ドゥとは、全幕バレエの見せ場で披露される男女2人の踊りのこと。2人で踊るアダージオ、男女それぞれのソロ、2人で踊るコーダで構成される》

ただ、ただ一生懸命、これだけの舞台をいただいたので、一瞬一瞬思いを入れていきたいと思って踊りました。アダージオを終えたところでバーっと拍手が沸き起こり、終わった後も鳴り止まず、何度もお辞儀に出ました。結局、私たちは1日目の一番最後の出場者となりました。そのあと2組予定されていたのですが、私たちの踊りのあと、出場することをやめてしまったのです。夜中に食事を取っていたら、審査員の友井唯起子《ともいゆきこ》先生が「おめでとう」と声をかけてくださいました。

2次予選は創作の『炎』と「『海賊』のグラン・パ・ド・ドゥ」。黒海から吹いてくる夜風が冷たかったせいか風邪を引いてしまい、大変厳しいコンディションでしたが、「ヨーコ・モリシタ、ジャパン」とコールされただけで客席から大歓声。元気づけられましたね。ヴァルナの人々は皆このコンクールをとても大切に思っています。だから舞台を見る目がとても温かいのです。また、日に日に私たちへの関心が高まったようで、稽古場に見学に来る大会関係者や出場者のコーチたちが増えました。

コンクール中は食事を一生懸命食べました。煮込み料理がとてもおいしかった。私の体調を気遣って、バレエ団の若手が早めに食堂に行って私たちの分を注文してくれたり、松山樹子先生もおにぎりや味噌汁を作ったりと、こぞって応援してくださいました。

決選は『白鳥の湖』の「黒鳥のグラン・パ・ド・ドゥ」。本番前の舞台稽古は、その日の午前1時から小雨が降る中。踊りに集中するために途中で濡《ぬ》れた衣装を脱ぎ、気力を込めてリハーサルをしました。そうこうして、ついに本番。風もなくいい天気です。松山先

1971年の訪中公演で周恩来総理（右）と握手をする（©エー・アイ。飯島篤さん撮影）

1974年7月、ヴァルナ国際バレエコンクールの決選で清水哲太郎さんと踊る（©エー・アイ。飯島篤さん撮影）

生からは「好きなようにやりなさい」と助言されました。私が踊ったオディールという役は、ヒロインのオデットと同じように、内面に強い輝きを持っている美しい姫です。その真の美しさ、純粋な強さや心の中から出てくる透明な美しさが伝わるように、という思いを持って舞台に出ていきました。終盤の見せ場、気持ちが高まり高揚していく32回転の部分では手拍子が起き、うれしく思いました。踊り終えると、また大きな拍手と「ブラボー！」の歓声が。司会者が次の出演者を紹介しようとしても止みませんでした。

結果は、私が日本人で初めての金賞、清水さんと共にダブル受賞となりました。舞台袖に戻った瞬間、松山先生に「ありがとうございました」と駆け寄りボロボロ泣いていたら、客席から「ヨーコ、ヨーコ」の大声援が聞こえてきます。次に清水さんに「本当にありがとうございました」と言ったら、「うん、よかったね」と笑ってくれました。

日本のバレエが世界的になるのは100年先、いや200年先になると思われていた時代です。日本人にもバレエができるのだと、世界や日本の多くの人にわかっていただけたことを、何よりうれしく思いました。そしてみんなに金賞を期待されるプレッシャーはとても大きかったので、ようやく日本に帰れるのだと、ホッとしました。

草分けの先生方の情熱指導

ヴァルナ国際バレエコンクールで金賞をいただいた時、脳裏を巡ったのは、日本にバレエを根付かせてくださった草分けの皆さんへの感謝の思い。貴重な学びの機会をたくさんいただいてきたのです。

ヴァルナに参加する前の稽古では、松山樹子先生が、録音テープの再生を逐次止めながら、踊る時の音の取り方や表現の仕方を細やかに見てくださいました。先生は「濁《にご》り」に対してとても敏感です。自分の中の本当のものがおのずと湧き出てくるように、浄化していくようにと教えていただきました。

服部智恵子先生、島田廣先生ご夫妻も稽古場に来られました。

《服部智恵子さん（1908〜84年）はロシア・ウラジオストク生まれ。サンクトペテルブルクでバレエを習い、帰国後、エリアナ・パヴロワのバレエ教室の助手になった。島田廣さん（1919〜2013年）はパヴロワのもとでバレエを始めた。2人は、日本初の『白鳥の湖』全幕公演や日本バレエ協会の設立に尽力。島田さんは新国立劇場の舞踊部門の初代芸術監督を務めた》

島田先生は『白鳥の湖』の素敵な王子役でした。稽古の時は動きとフィーリングの関係を丁寧に教えてくださいました。

服部先生はみんなから「ママ」と呼ばれ、母親のような立場でバレエ界の発展に尽くされました。71年に『眠れる森の美女』で私がオーロラ姫を踊った時、太陽のようにおおらかに、喜びを持って踊るようにと教わりました。ご自宅に遊びに行くと、いつもおいしい料理を作ってくださったのも楽しい思い出です。

それから、谷桃子先生にもかわいがっていただきました。

《谷桃子さん（1921〜2015年）は兵庫県出身。日本最初のスター・バレリーナ。離婚して悲しみに沈んでいる時、映画『赤い靴』に主演したバレリーナ、モイラ・シアラーから映画で使ったトウシューズを贈られて励まされたことが話題になった》

1968年、『ミランダ』の全国公演でご一緒しました。明治百年記念芸術祭に合わせて作られた大作で、三島由紀夫《みしまゆきお》さんが台本を書かれ、当時のバレエ界を代表するスターたちが出演されました。サーカスの世界の話で、主人公のミランダという娘役は谷先生と牧阿佐美先生がダブルキャスト、私は玉乗りの役。その時、間近で谷先生の魅力に触れられたのです。谷先生は立っているだけでバレリーナ。ふっとそこにいるだけでその場の空気がさっと変わる。74年の引退公演『ジゼル』も見に行き、心を込めた表現に感動しました。また、貝谷八百子先生にもいつも温かくお心にかけていただきました。「洋子ちゃん、あなたは頑張らなきゃいけないわ」といつも言ってくださいました。貝谷先生、谷先生、松山先生はとても親交が深く、公演を紹介していただくため、一緒に新聞社に行くなど、バレエを広める努力もしていらっしゃいました。皆さんで日本のバレエ界を大切に発展させてくださったのだと思います。

松山先生が師事した東勇作先生にも教えていただいたことがあります。

《東勇作さん（1910〜71年）は宮城県出身。パヴロワに師事し、オリガ・サファイアの相手役として踊った。35年に『白鳥の湖』や『ジゼル』など本格的なバレエ作品上演を目指してパヴロワ門下から独立。41年から自身のバレエ団で公演活動を展開した。『ジゼル』第2幕の上演を目指したものの、楽譜が入手できなかったため、ショパンの曲を使って同じ筋立てのバレエ『ジゼル幻想』を創作した》

レッスンでは、ご自身でピアノを弾いて指導され、第一線から退かれても、香り立つような王子役の雰囲気をお持ちでした。私が感動したのは、創作への執念です。伝説のアーティスト、ヴァーツラフ・ニジンスキーや彼が活躍したバレエ団バレエ・リュスのことを研究されていて、海外渡航が困難だった戦前、船便で楽譜や資料を取り寄せるなどして、

『レ・シルフィード』や『牧神の午後』など、ゆかりの作品を上演されたのです。本場の舞台を想像しながら表現をつきつめた、東先生の情熱がなかったら、日本で本格的なバレエ公演は根付かなかったと思います。

最後に紹介したいのは、小牧正英先生です。

《小牧正英さん（1911〜2006年）は岩手県出身。そもそも画家志望で、パリを目指して密航したもののハルビンで捕まったため、同地に留まり、偶然目にしたバレエ学校に入る。40年に上海のバレエ団に入り、古典から『ペトルーシュカ』『火の鳥』などバレエ・リュスゆかりの作品まで幅広く踊った。マーゴ・フォンテインと同じオードリー・キングに師事した》

終戦直後の混乱の中、小牧先生が上海から『白鳥の湖』のピアノ譜を持ち帰られたため、日本初の全幕公演が実現したのです。情熱の深さに頭が下がります。

先生から習うことができたのは、ヴァルナのコンクールから5年後のこと。上海時代から先生が得意にされていた『ペトルーシュカ』に出演させていただいたのです。オリジナル作品をきちんと踊る大切さも教えていただきました。

戦前から戦後にかけて、バレエは日本人にはできない、そうみんなが思っていた時代、そんなことはない、と見事に立ち向かって土台を築いてくださった先人、先輩の皆様。そのたくましさ、信念と強さに心からの尊敬と熱い思いを抱いています。ヴァルナで金賞をいただいた時、少しはご恩返しができたのではと思いました。

アメリカン・バレエ・シアターで世界デビュー

ヴァルナ国際バレエコンクールで日本人で初めて金賞を受賞したことは、大きなターニングポイントになりました。ヴァルナの選考は厳格で、トップの成績を取っても、審査員が「値しない」と判断すれば金賞を出しません。だからこそ、ヴァルナのゴールドメダリストは世界的に注目されるのでしょう。そこから先の活躍は、本人の努力次第。

1975年5月、ヴァルナで一緒に金賞に輝いたフェルナンド・ブフォネスを、松山バレエ団が招請し、東京で一緒に踊りました。

《フェルナンド・ブフォネス（1955～2005年）は米国出身。米国を代表するバレエ団、アメリカン・バレエ・シアター（ABT）などで活躍。超人的な跳躍と回転技で知られた》

ブフォネスはアメリカ人で初めて金賞を受賞、私は日本人で初めて金賞を受賞、共にヨーロッパやロシアが中心になって担ってきたバレエの歴史に、新しい一歩を刻んだ部分もあります。そのこともあり、とても仲良くなりました。

また、ブフォネスと私とは、不思議と重なる点があります。小さい時は同じように体が弱く、お医者さんにバレエを勧められたそう。そして、稽古が大好き。羽田空港に着いた時、私を見つけると「ハロー、ヨーコ！　リハーサルは何時からにする？」。その日のうちに稽古が始まりました。彼は「クロワッサンの脚」と言われるほど、脚が柔らかくて音楽性が豊か。本番では、「黒鳥のグラン・パ・ド・ドゥ」、『ドン・キホーテ』『海賊』のグラン・パ・ド・ドゥを楽しく踊ることができました。

11月からは、文化庁の在外研修員としてモナコに留学、そこにはマリカ・ベゾブラゾヴァ先生がいらしたのです。

《マリカ・ベゾブラゾヴァ（1918〜2010年）はロシア出身の名バレエ教師。ダンサーとしてはバレエ・リュス・ド・モンテカルロなどで活躍した。52年にモナコにバレエ学校を開いた。75年にプリンセス・グレース・バレエ学校が設立されると、そこで指導に当たった》

マリカ先生の学校は「バレエの病院」と呼ばれ、マーゴ・フォンテインやルドルフ・ヌレエフ、マリシア・ハイデら世界の一流のアーティストが公演ツアーなどで疲労した身体を整えるために訪れます。私は、基礎を一からやり直そうと思っていました。その1年前

ヴァルナ国際バレエコンクールに向けて松山樹子さん（左）、清水哲太郎さん（右）と稽古を重ねる（©エー・アイ。飯島篤さん撮影）

1975年のモナコ留学中、マリカ・ベゾブラゾヴァ先生（左）とのレッスン風景（©エー・アイ。飯島篤さん撮影）

から清水哲太郎さんがモナコに留学していたのも心強かったです。

マリカ先生は毎日私たちのレッスンを指導し、それ以外の時間も「やればやるほどいい」と稽古場を好きなだけ使わせてくださいました。非常に強い信念を持っている方で、人間についても、バレエの技術についても、正しさについて絶対的に厳しく、ゆるぎない指導をしてくださいました。また、自宅に招いて食事を作ってくださるなど、家族のように接してくださったのです。

その頃には8ミリカメラが普及していたので、自分のレッスンを撮影し、作品を撮った映像と比較して見ることができました。自分の動きを細かく区切って観察し、作品の映像とずれた部分を見つけると、夜中に正しくできるようになるまで反復練習。音楽をかけられないので、自分でハミングしながら動きを確かめます。一息つくと「え、こんな時間？」と驚くことはしばしばでした。

マリカ先生は舞台経験を積むことも重視していたので、モナコはもちろん、イタリア、スペインのマドリッド、南アフリカ、アメリカのミシシッピ州やテキサス州などでの公演に出ることを許してくださいました。留学中はいくら時間があっても足りません。

そして、嵐のようだった1976年がやってきます。——信じられないぐらい、大きな出来事が続いたのです。

まず1月には、世界デビュー。ABTのニューヨーク公演に出演、ブフォネスが松山バレエ団公演招聘の返礼として、ABTの幹部に私を呼ぶように提案してくださったのです。会場は、ブロードウェーのユーリスシアター。スターのミハイル・バリシニコフの踊る『ハムレット・コノテーションズ』の世界初演があるため、多くの評論家が見に来ていました。

《ミハイル・バリシニコフ（1948年〜）は、ラトビア出身でソ連時代に頭角を現したバレエダンサー。66年にヴァルナ国際バレエコンクールのジュニア部門で優勝。翌年キーロフ・バレエ団（現マリインスキー・バレエ団）に入団した。74年、カナダ滞在中に米国へ亡命し世界的なニュースになる。ABT入団後は、ブフォネスのライバルになるとともに、映画俳優としても活躍した》

『ハムレット〜』にはマリシア・ハイデ、ゲルシー・カークランド、エリック・ブルーンも出演。カーテンコールが30分近くありました。その後が、私とブフォネスの「黒鳥のグラン・パ・ド・ドゥ」。さすがに緊張しましたが、皆様から大変良い評価をいただき、とてもうれしく思ったものです。

《ニューヨークタイムズは「驚いたのは森下だ。バランスは喜ばしいほど素晴らしく、姿形の配置も完璧。彼女のあらゆる立ち居振る舞いが偉大なクラシックバレリーナに

なる可能性を示している」と評した》

ヌレエフとの出会い

4月には、ルドルフ・ヌレエフと初めて共演します。

《ルドルフ・ヌレエフ（1938〜93年）は、バレエ界の帝王と呼ばれたスーパースター。ソ連時代、シベリア鉄道の中で生まれた。両親はタタール人。キーロフ・バレエ団（現マリインスキー・バレエ団）で頭角を現し、61年のパリ公演の際に亡命。ドラマチックで敏捷《びんしょう》、野性味とセクシーさを持つ踊りでファンを魅了。バレエを知らない人にもその名が知られていた。83年から89年までパリ・オペラ座バレエ団の芸術監督。2019年には半生を描いた映画『ホワイト・クロウ』が公開された》

ヌレエフは、母親のようにマリカ先生を慕っていました。亡命した後、先生ご夫妻がとても心にかけられていたのです。モナコには別荘を持っていて、私と清水哲太郎さんを食事に招いてくださいました。

初めてお会いした時からバレエの話ばかり、踊りに対するひたむきさ、バレエへの情熱、思いの強さがすごい、絶対揺らがないのです。ニューヨークのスタンリー・ウィリアムズ先生のレッスンの素晴らしさを力説されたり、ナイフとフォークで体の使い方を解説されたりと、バレエを心から愛している方です。そして、何よりも人間としてとても大きく、温かい方です。そう感じました。

3月末にモナコでお会いした時は、4月にワシントン、ケネディセンターで開かれるABTのガラ公演の話をしました。私はブフォネスと、ヌレエフはゲルシー・カークランドと出演する予定だったので、ヌレエフから「モナコの店でシャツを注文したから持ってきてよ」と頼まれました。ところが、本番の4日前にディレクターからヌレエフと一緒に踊るよう頼まれました。ゲルシーが体調を崩されたのです。

そこで初めて一緒に踊ることになりました。演目は『海賊』のグラン・パ・ド・ドゥ。ケネディセンターのリハーサル室で、私のソロを細かく見てくださり、名コンビだったマーゴ・フォンテインに伝えたのと同じ踊りを延々と教えてくださり、ようやく、パ・ド・ドゥの稽古。出だしのパ・ド・ブーレを「ひどいね。もっと細かくやらないと」とグサリ。二人で踊る部分も事細かに注意してくださり、学ぶことは多かったのですが、稽古はこの1回のみ。しかし、本番は素晴らしいものでした。

ヌレエフは女性の動きはもちろん、どうすれば美しく見せられるかも知っていて、とてもストロングなパートナーなのです。私がバランスを崩しても、びくりともしません。床に足が吸い付いているようで、安心して身を任せられるのです。終わった後も、細かく注意してくださいましたが、最後は「手に力が入っていた。緊張していたんだね」と笑っていました。

この公演には、キューバの名バレリーナ、アリシア・アロンソも出演されていました。当時、50代の半ばだったと思いますが、『白鳥の湖』のグラン・アダージオを、大変ゆっくりしたテンポでしっとりと踊られて、心に残りました。アロンソも「ヨーコ、テツ、キューバにぜひいらっしゃい」と誘ってくださるなど、いつも気にかけてくださっていました。当時舞台が多くて、かなわなかったのですが、大切な思い出です。

6月は、ＡＢＴに客演してメトロポリタン歌劇場（ＭＥＴ《メト》）にデビュー。大作『眠れる森の美女』の全幕公演で、主役のオーロラ姫に抜擢していただいたのです。

《この時、ＡＢＴは『眠れる森の美女』を初めて全幕で上演した。開幕日、15日のオーロラ姫役はナタリア・マカロワ、王子役はバリシニコフ、ブルーバード役はブフォネス。森下さんはフロリナ王女役で、3日後には、オーロラ姫を踊った》

7年前、初めて留学した時から、ＭＥＴは憧れの劇場。開幕前にシャンデリアが引き上げられるのをワクワクして眺め、素晴らしい公演に感動したものです。まさか自分が踊らせていただくことになるとは夢にも思っていませんでした。

マリカ先生はニューヨークに同行して、2週間付きっきりでコーチしてくださり、振りの一つ一つや表現を丹念に観察し、私に助言をくださったのです。

本番は、気心の知れたブフォネスとのコンビ。METのお客様はとても温かく、拍手やブラボーの声をたくさんいただきました。その時にカーテンコールでお辞儀した後、振り返って共演した皆さんにお辞儀をしたのです。団ではそうした習慣がなく、みんなとてもびっくりしていました。一緒に踊ることができて本当にありがたい、感謝を伝えたい、そう思ったのです。

7月も大舞台が続きました。イヴァン・ナギーと『ラ・バヤデール』、ブフォネスと『白鳥の湖』の主役を踊り、アンソニー・ダウエルと『ラ・バヤデール』、ケヴィン・マッケンジーと『シンデレラ』のパ・ド・ドゥを踊りました。

《アンソニー・ダウエル（1943年〜）は英国出身。英国ロイヤル・バレエ団の歴史を代表する王子役ダンサーだった。ケヴィン・マッケンジー（1954年〜）はABTの元プリンシパル。芸術監督を1992年から2022年まで務めた》

ダウエルは、さすがはロイヤルを代表するアーティストらしく、気品に満ちあふれ、素晴らしい。パートナーとしてのマッケンジーもすごく優しかった。彼はとても思いやりのある、利他の心を持った人で、みんなから大変慕われていました。だからこそ、長年芸術監督を務められたのではないでしょうか。

9月は、ニューヨークのブルックリン・カレッジで開かれたガラ公演で清水哲太郎さんと『ドン・キホーテ』のパ・ド・ドゥを踊りました。清水さんのニューヨーク・デビューです。「彼は素晴らしいパートナーであることを証明した。優れたクラシックの踊り手ならではの高貴なラインとテクニックを持っている」とニューヨークタイムズに評されました。また、デイリーニューズでは清水さんと私のパートナーシップを「一つの足についている二本の指のように離し難いもの」と評していただきました。こうしたお声をとてもうれしく思ったものです。

本番5日前の結婚式

留学生活の締めくくりは、グレース公妃が主催されたモナコ公レーニエ3世のお誕生日を記念する公演。グレース公妃はとてもバレエがお好きで、理解もとても深い。レーニエ公のお誕生日にバレエをと思われ、11月に開催されたのです。

《グレース・ケリー公妃（1929〜82年）は米国出身。映画女優として一世を風靡《ふうび》したが、56年にモナコ公国元首のレーニエ3世と結婚し、「世紀のロマンス」と話題

1976年６月、メトロポリタン歌劇場（MET）にデビュー。フェルナンド・ブフォネスと

モナコのパーティーで（左から）清水哲太郎さん、森下さん、マリカ先生、グレース公妃、レーニエ３世、カロリーヌ公女（© エー・アイ。飯島篤さん撮影）

に。生涯バレエを愛したが、交通事故が原因で死去》

私が踊ったのは、オスカー・ワイルド原作の『漁夫とその魂』。日本が大好きな公妃におすすめいただいて、衣装デザインは森英恵《もりはなえ》先生。公妃は大変喜ばれ、帰国する時は「また戻ってきてくださいね」とおっしゃってくださったのも素敵な思い出です。

そして、年末、清水哲太郎さんと結婚しました。

最初に踊った時から、清水さんとはずっと一緒に踊ることになるという予感がしていた。彼からプロポーズの言葉など全くありません。なるべくして一緒になったのです。

留学先のモナコでも共に学び、また私の公演に同行してくれてニューヨークなどでも、たくさん助言してくれたのです。彼はまたこの時期、作品作りのヒントとなるものをたくさん見聞きしていたのです。

結婚式は帰国してからすぐでしたが、出席者の席順から何から、結婚式の準備はすべて日本のみんながやってくださっていました。12月5日、東京のホテル・ニューオータニで、日中友好に尽くされた西園寺公一《さいおんじきんかず》先生夫妻を媒酌人にして披露宴が開かれました。

式には文化人、芸能人、経済人、中国大使館の皆さんら約300人が出席しました。お色直しの素敵なドレスを森先生がプレゼントしてくださったり、モナコからはマリカ先生が駆けつけてくださったり、多くの方から温かい祝福の言葉をいただきました。

大変ありがたいことでしたが、実は、私たちは5日後に迫る『白鳥の湖』の本番のことで頭がいっぱい。披露宴当日も稽古してから式場に行ったのです。

常日頃から、私たちの会話はバレエのことばかり。バレエには終わりがありません。尽きせぬ魅力があるので、常に掘り下げて考えて、バレエの本質を2人で追究するのが何よりも楽しく自然なこと。空いている稽古場を見つけると、つい遅くまで稽古してしまい、「もう終わりにしたら」と、松山先生に言われることもしばしば。そのたびに先生は車で自宅まで送ってくださいました。清水さんと私は、同じ目標を持っていました。そして、高い目標に行く道筋がおそらく一緒だったのだと思います。何しろコツコツ、ああしてみようと追究するのが好き。

私はバレリーナで、清水さんは踊りながら振り付けもします。ものを創るアーティストとしては、お互いの領域には絶対に立ち入らない。家にいると、私は気分転換に、プロ野球の広島カープの試合を見ることもありますが、清水さんはいつも本を読んだり音楽を聴いたりして、次にどんな舞台を作るか考えています。

夫婦というより戦友、同志のような存在。私たちの結婚式は、ずっと一緒にバレエをやっていくことを宣言した場だったのです。清水さんと出会ったからこそ、今も踊り続けていられるのだと思います。

エリザベス女王陛下からいただいたお言葉

1977年から、海外で踊る機会が増えました。

秋のある日、松山バレエ団の事務所に国際電話が入りました。かけてきたのは、私が敬愛するルドルフ・ヌレエフ本人。11月にロンドンで開かれるエリザベス女王の即位25周年記念公演に出演しないかと言うのです。

《この記念公演は、英王室メンバーが臨席するチャリティー『ロイヤル・バラエティ・パフォーマンス』の特別版。1912年に始まり、かつてはビートルズ、最近はレディ・ガガと世界の一流エンターテイナーが出演している》

すぐに出演すると決めると「何を踊ろうか。『ゼンツァーノの花祭り』か『ドン・キホーテ』はどうだろう」とヌレエフ。私は『ゼンツァーノ～』を踊ったことがなかったので、『ドン・キホーテ』のグラン・パ・ド・ドゥに決まりました。

稽古のためにウィーンへ行ったのですが、その時「6時から4階の稽古場でリハーサルをしましょう」とヌレエフが書き残してくださったメモは、大切な記念品。額に入れて、今も家に飾っています。

ヌレエフは、常に何かを学び取ろうとする方です。子供の頃から故郷のソヴィエト連邦で基礎訓練を積み、古典の型を身につけていました。さらにバレエの発祥の地、ヨーロッパでその本質を自由に学びたいと考えたからこそ、彼は亡命までされたのではと思います。

《ヌレエフは1961年に亡命した後、まず英国ロイヤル・バレエ団でマーゴ・フォンテインの名パートナーとして頭角を現した。そして、フレデリック・アシュトンの『マルグリットとアルマン』、ケネス・マクミランの『ロミオとジュリエット』、ローラン・プティの『失楽園』、モーリス・ベジャールの『さすらう若者の歌』と、名だたる振付家の名作を初演で踊った》

稽古を通して、私のステップを深めてくださいました。「ここはオーバークロスして」「鎖状の軌跡を描くから上半身をきれいに見せられるんだ」などと言いながら実際にやって、ステップの連続性、身体の使い方を教えてくれます。私が一生懸命練習してできるようになるのを見届けると、とてもうれしそう。また、この時は、ヴァリエーションを教えてくださいました。独特の扇子の使い方もとても丁寧に。『ドン・キホーテ』のヒロイン、キトリは、どこまでも明るく、女性としての優しさがあってチャーミング。本番ではその輝きをお客様が見た時に感じていただけるように、ヌレエフが教えてくださったことを精一杯やる、ただそれだけです。

記念公演はパラディアム劇場で行われ、全世界にテレビ中継もされました。司会はボブ・ホープ。シャーリー・マクレーンやジュリー・アンドリュース、ハリー・ベラフォンテら20世紀を代表するスターがたくさん登場する素晴らしいものでした。ヌレエフの相手役は、誰もが英国ロイヤル・バレエ団の誰かが務めると思っていたはず。それなのに、ロンドンで初めて踊る小さな日本の女の子に決まったので、ほかのアーティストがびっくりしていました。

終演後は大拍手。赤いじゅうたんが敷きつめられた舞台上で、ヌレエフが「ヨーコは日本から来てくれたんだ」と言ってくださいました。エリザベス女王からは、「遠いところから来てくれてありがとう」とお言葉をいただきました。エリザベス女王がお亡くなりになった今、温かいお言葉をいただいたことが、かけがえのない素晴らしいことだったとあらためて思っています。

その後、ヌレエフは何度も声をかけてくださり、200回近くも一緒に踊ることになります。彼のバレエに対するひたむきさや思いの強さ、この時期に多くを学ばせていただいたことは、私の人生の大変大きな宝物です。

一息つくと、パリ経由で北京へ。中国の皆さんと松山バレエ団が少人数で交流する公演に参加しました。

「バレエの女王様」との濃密な時間

1978年は子供の時から憧れていたマーゴ・フォンテインと、足かけ3か月間も一緒に過ごす機会に恵まれます。

《マーゴ・フォンテイン（1919〜91年）は英国出身のバレリーナ。英国ロイヤル・バレエ団で活躍し、40代になり引退がささやかれた頃、ソ連から亡命したルドルフ・ヌレエフとコンビを組んで復活し、歴史に残る名舞台を生み出した》

「この人がバレエの女王様よ」。子供の頃にバレエの写真集を見ていた時、母が教えてくれたマーゴ。

彼女の伝記が書かれた豪華な写真集は宝物で、寝る前に眺めるのが楽しみでした。そんなマーゴが踊る姿を初めて見たのは、61年に英国ロイヤル・バレエ団と来日した時で、演目は『ジゼル』でした。

63年にヌレエフと来日した時、バレエ学校の生徒だった私は羽田空港での花束贈呈係に選ばれました。貴賓室に行くと、マーゴは素敵な帽子をかぶり、女王のような気品を漂わせています。厚生年金会館での公演では『海賊』のグラン・パ・ド・ドゥなどを踊られ、舞台袖で一緒に写真を撮っていただきました。69年に初めてニューヨークに留学した時には、出演していたメトロポリタン歌劇場に通い、とても大きな感銘を受けたのです。

　この78年6月に、念願の共演が実現、オーストラリアを巡演する『スターズ・オブ・ワールド・バレエ』という公演に、マーゴ、私と清水哲太郎さんが参加しました。ほかにはメール・パーク、デヴィッド・ウォール、マリーナ・コンドラチェワ、シンシア・グレゴリー、イヴァン・ナギー、マリス・リエパ、フェルナンド・ブフォネス。

　当時59歳だったマーゴは最年長でしたが、一番熱心に、1回も休まず稽古をし、朝のレッスン、開演前のウォーミングアップも休みません。そしてぐんぐんコンディションが良くなっていく。

　公演中は、楽屋に戻らずに舞台袖で、私たちを見守ってくださる。出番が終わると「ロシア式の『黒鳥のグラン・パ・ド・ドゥ』、私はこんな風に踊るのよ」と言いながら、ステップを直してくださった。

　そして、「ヨーコ、言ってもいいかしら」と前置きして、いろんなことを教えてくださいました。「『黒鳥～』はそんなにアクロバティックに踊らなくてもいいのでは。ドンキ（『ドン・キホーテ』）と違うからもっとクラシックに」「『眠れる森の美女』のオーロラ姫は16歳、みずみずしさが出るように音はこんな風に捉えた方がいいわ。だけど、彼女はプリ

1977年11月、エリザベス女王（右から2人目）にあいさつする森下さん（同3人目）。エリザベス女王の即位25周年記念公演で（©エー・アイ。飯島篤さん撮影）

1978年、オーストラリアを巡演する『スターズ・オブ・ワールド・バレエ』の公演に、森下さん（中央）はマーゴ（右）、清水さんと参加した（©エー・アイ。飯島篤さん撮影）

ンセス、気品を大切にね」。

先生として教えるのではなく、「私はこう思うけど、どう?」と同じアーティストの目線で助言してくださる。なんでも聞こう、教えてもらおうと思いました。マーゴからは特に、音の取り方を教えていただいたと思います。マーゴはメトロポリタン歌劇場で見た時と同じように、一瞬にすべてをかける潔さ、そして音楽性が素晴らしく、絶対的に自分に厳しい。肉体的にも。こうしようと思ったら絶対にする。この舞台でいいところを見せよう、というのではなく、こうあるべきだということに対して謙虚、1年1組なんです。その強さ、パワーを学ばせていただいたと思います。

8月には、マーゴが出演するロンドンのガラ公演に呼んでいただきました。私と清水さんは「黒鳥のグラン・パ・ド・ドゥ」、マーゴはナタリア・マカロワ、リン・シーモアらと「ショピニアーナ」を踊りました。カーテンコールで最後に出てきてお辞儀するのは、最年長のマーゴではなくてマカロワでした。「私は最初に踊るだけ。ナターシャが主役だからいいのよ」と、キャリアや序列などは、全然気にしませんでしたね。ちなみに、マカロワが出演しない公演は、私が代わりに踊りました。

滞在中は、ご自宅でのパーティーに招いてくださり、夫のロベルト・アリアスを紹介してくださいました。

《ロベルト・アリアス（1918〜89年）はパナマの外交官・政治家。父親は同国の大統領を務めた。64年に銃撃されて歩行や会話が不自由になったため、マーゴが看病しながら舞台に立ち続けたことは、美談として報じられた》

マーゴはアリアスの車いすを押してお客さんの間を回り、彼のおぼつかない言葉を聞き取っては、楽しそうに〝通訳〟していました。そこに、彼と一緒にいる幸せや喜びが満ちあふれている、なんて美しいんだろうと思いました。愛があふれるお二人の姿は忘れられません。

苦しい思いをたくさんされたはずなのに、常に明るくて前向き。マーゴは精神的にとても強くて潔い、侍のような人。表現者としても人間としても大きな影響を受けました。マーゴは次の年に引退してしまったので、この時間は本当にかけがえのないもの。ぎりぎりで素晴らしい時間をいただいたと思います。

巨匠からの出演オファーを受ける

1981年5月、メキシコのグアナフアトで開かれた「セルバンテス国際芸術祭」のガラ公演に出演し、ABTのダニーロ・ラドジェヴィッチと組んで『ゼンツァーノの花祭り』と『ドン・キホーテ』のグラン・パ・ド・ドゥを踊りました。その公演には、20世紀バレエ団のスター、ジョルジュ・ドンがマリシア・ハイデと出演していました。私に興味を持って、ハイデに質問されたようです。

《ジョルジュ・ドン（1947〜92年）はアルゼンチン出身のバレエダンサー。20世紀バレエ団が同国で公演した際、主宰のモーリス・ベジャールに才能を見いだされた。しなやかで弾力のある肉体で官能性と野性美が匂い立つ踊りを見せ、「ベジャール芸術の最高の体現者」と言われた。映画『愛と哀しみのボレロ』（81年）に出演し、ラストシーンで踊る『ボレロ』が感動を呼んだ》

帰国すると、東京の松山バレエ団の事務所にモーリス・ベジャールから電話が入りました。新しい作品を作るので出てほしいというのです。ベジャールは男性を主役にしたバレエ作品で知られた方です。果たして受けるべきかどうか。マリカ先生に相談したところ、「世界で五指に入る振付家だからやってみたら」と勧めてくださいました。

１９７０年にヨーロッパを回った時、私は20世紀バレエ団のレッスンに参加させていただき、その時ベジャールは入団を勧めてくださいました。でも、そのことは、すっかり忘れていたようです。

ベジャールの新作、『ライト』の振り付けは1981年8月に約3週間、ブリュッセルで行われました。ベジャールは解釈について一切何も言いませんでした。稽古場ではまずヴィヴァルディの音、そして彼が出したステップをただただやってみる、それだけです。やっていくうちに一人の女性が生まれてから次の時代に行く、そこであらゆる人の心に灯りをともし、平和をもたらす、ライトはそんな存在なんだと私自身が思うようになりました。それは、私がバレエを通じてお伝えしたいと思い、大切にしていることとも重なります。また、ライトには明るい、軽いという意味があります。私を通して観音様か、弥勒菩薩のような女性を描きたいと、そんな風にベジャールは思っているのかもしれない、とも思いました。

ベジャールの振り付けには、動の中に静があり、そして静の中に次なる動がある。肉体が緊張と弛緩を繰り返すことに、クラシックを踊る時とは違った楽しさがあります。

印象に残っているのは音、ヴィヴァルディの音の捉え方。そして、生まれたばかりの赤ちゃんの動きとか、母親になって大きな卵を抱えて歩くとか、ユニークな動きをこなさないといけないこと。私は『白毛女』など様々なタイプの踊りを体験してきたので違和感なく作品に溶け込めた部分もあったと思います。

ドンは、とても寡黙な人。完全にベジャールのバレエそのもの。そしてやはり音への感度が強い。物静かでどこかさびしげで、常に王者の風格を漂わせていたヌレエフとは正反対ですが、感性の部分ではヌレエフと共通するものもありました。他の誰とも違う雰囲気を持っていて、踊る時に内に秘めた情熱が噴き出すのです。

『ライト』では、ライトに真実の愛を教える貧しい青年役。ヴィヴァルディの四季、ヴァイオリン協奏曲に振り付けられた静けさに満ちたパ・ド・ドゥなどを踊りましたが、「こうやっています」といった作為や重力が感じられない。音と一緒になっていました。

ベジャールは、ブルーの美しい瞳が印象的な優しい方。作品には常に美しい音楽を使い、音の捉え方について大変厳しい方だと聞いていました。ベジャールの作品の中で女性主役の全幕物は珍しい。最初は女性を振り付けるのに戸惑っていたよう。

ただ、稽古場では「こんなふうに踊るんだ」と一通り説明すると、どう表現するべきか、何も要求しません。私が踊ってみせると、「それでいい」とうなずいてくださいました。

9月末にブリュッセルで『ライト』の世界初演を終えると、東京に帰って松山バレエ団でジョージ・バランシンが振り付けた『アレグロ・ブリランテ』のバレエ団初演に出演。その後は、パリに戻って『ライト』の公演。パレ・ド・コングレという4000人収容の会場が超満員でした。

《『ライト』を踊った森下さんを、ヨーロッパの新聞は「優雅さと、権威ある正確

さ」「この上ない美しさ」などと絶賛。優美さの中に、基礎に裏打ちされた風格も感じられたようだ》

『ライト』は、ベジャールが私のために作ってくださった作品。素晴らしい評価をいただき、ベジャールも大変喜んでくださいました。友人の話では、私の手を取る時、孫と触れ合う時のようにうれしそうに見えたそうです。

この頃は、息をつく暇もありませんでした。でも、色々な人から「踊りが変わった」と言われることが数多くありました。何が一番大切なのかが少し見えてきていたような気がします。

30代になり、様々な機会をいただいたことにとても感謝しています。肉体的にも精神的にも多くを学び、少しずつ成長し、充実してきたのかもしれません。

パリ・オペラ座出演、「東洋の真珠」と評されて

『ライト』のパリ公演が好評だったため、パリ・オペラ座から声をかけていただき、1982年に日本人として初めて踊らせていただくことになりました。

《パリ・オペラ座バレエ団は、世界最古のバレエ団。1661年にルイ14世が設立し

た王立舞踊アカデミーに起源を持つ。本拠地は1875年に完成したガルニエ劇場。『オペラ座の怪人』の舞台としても知られる》

オペラ座はバレエ発祥の地ともいえる場所です。出入りされる皆さんはバレエを大切に思っていて、プライドも高く、何事にもキチッとしています。外の人にはガードが堅いところもありますが、私に対しては、どなたも温かく接してくださり、ありがたかったです。

当時の大エトワール（最高位ダンサー）のノエラ・ポントワらと踊った『パ・ド・カトル』が好評で、フィガロ紙が私のことを「東洋の真珠」と評してくださいました。真珠は華やかに輝く宝石ではありませんが、丸い一粒の中に透き通った美しさと、奥に深いものをたたえた光を放っている。それに喩えていただき、さらに「東洋の」とつけていただいたことをとてもうれしく思いました。

また、「黒鳥のグラン・パ・ド・ドゥ」をパトリック・デュポンと踊りました。後にスターになりますが、その時はやんちゃな少年のような雰囲気。ものすごいテクニックで踊られていたことを覚えています。

83年にルドルフ・ヌレエフが芸術監督に就くと、『くるみ割り人形』の主役に呼んでくださいました。私が稽古場で踊っていると、ヌレエフさんが、若手だったシルヴィ・ギエムに「ヨーコを見ろ」と勧めていて、その時の彼女の真剣な眼差しを今でもよく覚えてい

1981年、20世紀バレエ団のスター、ジョルジュ・ドンと踊る森下さん

パリ・オペラ座の楽屋にて。1982年

ます。

ガルニエ劇場は豪華なシャンデリアとシャガールの天井画で有名ですが、舞台裏も素晴らしい。ステージと同じフロアに同じぐらいの広さの稽古場があるため、公演直前までたっぷりと練習できました。楽屋は天井が高く、大きな鏡を備えています。エトワールの部屋ごとに、白い服を着て大きな籠を抱えたおばさんが付いていて、「あなたの係です」といって着替えを手伝ってくれたり、汗をふいてくれたり。身の回りのことを何でもしてくれたのには驚きました。

思えば、私は世界中ほとんどの国で踊らせていただいたのではないでしょうか。

モナコ留学中、南アフリカのガラ公演に出演させていただいた時は衝撃を受けました。人種隔離政策が取られていたので、施設の入り口が「ホワイト」と「ノンホワイト」に分けられていて、私たちが自動車で移動する間、外を見ると黒人の皆さんがギューギュー詰めのバスで移動しているのです。当時、南アフリカでは、黒人の皆さんは全くバレエを見ることができませんでした。もし見てくださったら、涙を流して喜んでくださるはずなのに。肌の色の違いだけでどうして差別されるのでしょう。原爆投下と同じように、あってはならないこと。

バレエは一般大衆ではなく、欧州の貴族階級から始まっています。ブフォネスはアメリカで、私は日本で、ヴァルナの金賞を初めていただきました。1970、80年代はバレエをすべての人に開かれたものにしたい、と思って歩む人たちが多く出てきた時代でもあったと思います。私のヴァルナの金賞は、先人の皆様が憧れ学んできた西欧のバレエを、日本人が身体で表現し、心の内を奏で、世界の多くの方に日本人のバレエの可能性を感じていただいた部分もありました。

バレエは人間にとって一番大切な心の潤いとか、やさしさとか、温かさとか、絆《きずな》とかの象徴です。それこそが一番、バレエで伝えなくてはいけないこと。人と人とを結びつける力を芸術は持っています。バレエは言葉がないからどこに行っても伝わる。肉体で表現していくから世界中、どこでもわかっていただけるし、わかり合える。舞台芸術は差別に対して敏感に。世界中の人が幸せに、すべての人が手を取り合えるように、という祈りを込めてその可能性を伝えていかなくては。それが平和に通じると強く思いました。

フィリピンには、1980年にブフォネスと初めて行き、地元のバレエ団の『白鳥の湖』に客演しました。それ以来、何回も訪れました。マルコス大統領が権勢を振るっていた時代で、バレエは上流階級のものという印象でしたが、フィリピンの若者たちはひたむきでした。

『白鳥の湖』や『眠れる森の美女』で私の相手役を務めたノノイー・フロイランは松山バ

レエ団までやって来て、清水さんも交えて稽古しました。「オー、モーリシタ、私の恋人」と呼びかけてくださるなど、とにかく明るいんです。マニラのバレエ団では、誰もが「ヨーコ、ヨーコ」と目を輝かせて呼びかけてくれます。同じアジア人の先人として、誇りに思い、慕ってくださっているのでしょうね。

ブラジルやベネズエラなど中南米の国々は開放的で、誰もが分け隔てなくバレエを楽しんでいる。ブフォネスと遠征し、ブラジルでは『ドン・キホーテ』、ベネズエラでは『白鳥の湖』を踊りました。お客さんはTシャツなどラフな服装で、ブフォネスが大技を決めるたびに熱狂的に拍手をしてくださいました。

前項でも紹介したメキシコの「セルバンテス国際芸術祭」は、標高2000メートル超の高原での開催。舞台袖に酸素ボンベを用意して臨みました。

84年には、イタリア・ローマの古代遺跡、カラカラ浴場の野外特設舞台で踊りました。ヌレエフと松山バレエ団で『白鳥の湖』を上演したのです。舞台が客席に向かって傾斜していたため姿勢を保つだけでも大変でしたが、夜空がとてもきれいだったのを覚えています。集まってくださったイタリアの人たちは、日本でいう納涼大会に集まるような気分だったのでしょう。会場の周辺では歌ったり踊ったり。芸術を愛する、楽しむ、そういう土壌があり、受け入れ方がとても温かい。上演中の反応、終演後の笑顔から心から楽しんでくださるのがわかりました。

この時、ローマ歌劇場バレエ団の芸術監督だったマイヤ・プリセツカヤが見に来てくださいました。ご縁ができて、後に作家の大江健三郎《おおえけんざぶろう》さんや映画監督の山田洋次《やまだようじ》さんも参加したソ連でのシンポジウムに招待してくださいました。松山バレエ団の稽古場にも来てくださり、『白鳥の湖』を教えてくださったこともあります。手の動きだけでなく、気を、心を入れるように、と教えてくださいました。

バレエという素晴らしいものに出会えた感謝を込めて、愛すること、思いやる心、生きていることの輝きをこれからもお伝えしていきたいです。

ヌレエフからのアドバイス、『ジゼル』の神髄

1985年7〜8月にロンドンで開かれた「ヌレエフ・フェスティバル」に、松山バレエ団が参加しました。その時上演した『ジゼル』で、世界的な評価をいただきました。

《『ジゼル』は1841年に初演されたアダン作曲のバレエ。村娘ジゼルと青年貴族アルブレヒトとの身分違いの恋と、彼女が絶望して死んで精霊になった後も純愛を貫く姿を描く。少女と精霊を踊り分けるプリマの実力が問われる作品だ》

ヨーロッパでこの作品を踊ると、精霊となる第2幕で「能バレリーナ」と言われることがとても多くありました。能楽師の方は内面に強いエネルギーをたたえて演じられます。そう言われるたびに、私の中には日本人の血がしっかり流れているのだと感じたものです。

　この作品の神髄は、まずヌレエフから教えていただきました。81年にスイスのチューリヒ・バレエ団の欧州ツアーに客演した時のこと。イタリア・ジェノヴァでの初日が終わった途端に、熱心なアドバイスが始まりました。彼がすごいのは、一度見ただけで振り付けを覚えてしまうことです。そして、耳がいい。真剣に音を聞くので、その音を再び聞くと1ミリの狂いもなく同じ踊りができるのです。ジゼルにキスするのも、必ず同じ音の時です。その時は「マーゴはこうしたよ」と言いながら、音の捉え方を教えてくださいました。

　夜に食事に行けば「あそこのジゼルの動きはこうだよ」と、ここでもナイフとフォークを踊り手に見立てて解説を。さらに翌日、舞台が終わった後も、すぐに着替えて、事細かに教えてくださいました。ジゼルはこう演じるべきだとは一切言わず、こう踊ればジゼルの本質が湧き出てくると伝えるような教え方でしたね。もちろん心構えも。

　ジゼルは何の汚れもなく、ひたすら純粋にアルブレヒトを愛する。アルブレヒトも、彼の中に本当に美しい、清らかなものを大切にする気持ちがある。だからこそ、身分違いでどうあっても結ばれないことが明らかになった時、非常に大きなショックがジゼルを襲い、死に追いやられてしまいます。ジゼルがあまりにも純粋だからこそ、観客は胸を切られるように悲しく思うのです。

それから4年経ち、「ヌレエフ・フェスティバル」が7月29日から8月10日までロンドンのコロシアム劇場で開かれ、松山バレエ団も参加しました。

《「ヌレエフ・フェスティバル」は1976年から85年までロンドンで開かれた祭典。ルドルフ・ヌレエフが各国のバレエ団を招き、共演した。米ボストン、ニューヨーク・シティ、ウィーン国立歌劇場など欧米の一流バレエ団が参加した》

私とヌレエフは『白鳥の湖』と『ジゼル』の全公演に主演しました。フェスティバルの全日程という長い期間、しかも連日踊るのは初めてでした。それにロンドンは演劇の街ですから、お客さんは目が肥えていらっしゃいます。初めて出演したアジアのバレエ団をどのように受け止めてくださるのだろうと思っていました。

『白鳥の湖』の初日が好評だったのでジワジワとお客さんが増え、松山バレエ団の評判はどんどん高くなっていき、後半に上演された『ジゼル』の客席は、期待に目を輝かせるお客さんでぎっしり。ロンドンの皆様が口づてに話してくれたようです。ヌレエフにたくさん教えていただいた『ジゼル』、本番ではとても自然に、ジゼルのどこまでも純粋な愛がロンドンのお客様の心に届いたようで、第2幕の群舞の見せ場では、「ブラボー」と絶賛する声が飛び交い、カーテンコールの時にはお客様が客席から舞台に花を投げ入れてくださるなど、大変大切に受け止めてくださいました。松山バレエ団全員がお客様に喜んでいただくために、心を、気持ちを一つにしてやっていく。ただそろっているというだけでない。内容を重視した松山バレエ団の舞台に、ロンドンの皆様が深く共鳴してくださったことを肌で感じ、とてもうれしく思ったものです。

この時、イギリスのサドラーズ・ウェルズ・バレエ団で活躍していた吉田《よしだ》都《みやこ》さんが出演してくれました。吉田さんは、松山バレエ学校で学んでいたのです。彼女は自分に厳しく一つ一つの振りが正確でチャーミング。素晴らしい踊りを見せてくれました。

《吉田都さん（1965年〜）は東京都生まれ。2020年より新国立劇場舞踊芸術監督。サドラーズ・ウェルズ・ロイヤル・バレエ団（現バーミンガム・ロイヤル・バレエ団）を経て、95年に英国ロイヤル・バレエ団に移り、プリンシパルとして活躍。83年にローザンヌ国際バレエコンクールで入賞する前は松山バレエ団で踊っていた》

ヌレエフの教えで私の『ジゼル』は深められたのでしょう。帰国後、私がローレンス・オリヴィエ賞にエントリーされたと連絡がありました。

《ローレンス・オリヴィエ賞は、名優の名を冠した英国で最も権威のある舞台芸術賞。森下さん以降、日本からの受賞は、2002年の新作ダンス作品賞の山海塾《さんかいじゅく》『遥か

彼方からの――ひびき』、23年の衣装デザイン賞の中野希美江さん》

授賞式は12月。その月は、パリ・オペラ座バレエ団で『くるみ割り人形』を踊る予定だったので、パリでヌレエフと稽古をしてからロンドン入りしました。「ヨーコ、グッドラックね」と言ってくれました。

贈賞式はドミニオン劇場で行われました。まずオリヴィエ卿がバルコニー席に現れると、敬意を表して出席者全員で拍手をします。私がエントリーされた部門の候補者は4人。緊張しながら待っていると、私の名前がアナウンスされました。拍手の渦に、どうしようと思うぐらい足が震えました。スピーチでは「ヌレエフに感謝したいです」とお話ししました。

この賞は、松山バレエ団全員がいただいたものと思っています。足が震えたのは、日本のバレエ団を世界に認めていただいたことに感動したのだと思います。

「神様」のレッスンで教わった、許す愛の強さ

1986年に、子供の頃から、ずっと憧れていたガリーナ・ウラーノワの公開レッスンで『ジゼル』を学べるという奇跡が実現しました。

《ガリーナ・ウラーノワ（1910～98年）はロシア出身、ソ連を代表するバレリーナ。アグリッピナ・ワガノワに師事。ヒロインの心情を理解し、美の極限ともいえる優雅さで表現した。ボリショイ・バレエ団などで活躍。プロコフィエフ作曲の『ロミオとジュリエット』など、彼女を主役に多数のドラマチックな作品が作られた》

ウラーノワは、派手ではありませんが奥深い表現をされます。踊りは音楽そのものでステップが見えないほど滑らかです。彼女の『ジゼル』は私の人生の様々な機会に現れました。

バレエを始めて間もない頃、母が写真集を見ながら「この人がバレエの神様なのよ」と教えてくれたのがウラーノワ。そして、小学生の時、広島の映画館でウラーノワが踊った『ジゼル』などが1週間上映された時、母が家庭教師の先生に付き添いを頼んでくれて毎日通い、その時は、ひたすら「すごい、すごい」と感動しながら全く飽きずに見続けました。

松山樹子先生は、1955年に日本人で初めてモスクワでボリショイ・バレエ団の稽古場でウラーノワとレッスンを受け、劇場で『ジゼル』もご覧になっています。彼女の踊りを肌で感じて研究した成果を、私に教えてくださったのだと思います。

ルドルフ・ヌレエフのパリのご自宅にうかがった時は、ウラーノワの『ジゼル』のビデオを見ながら食事をしました。すると彼は「すごいね」「ここを見て」と熱く語り続ける。私にいろいろ学びとってもらいたかったのでしょう。

そんな不思議な縁がある「神様」から直接教えていただけるのです。清水哲太郎さんと胸を躍らせて参加しました。

公開レッスンは、東京で1500人の受講生を前にして行われました。ウラーノワの初対面の印象は温かく包み込む感じ。内にとても温かいものがあるから、不思議と緊張しません。レッスンでは主に『ジゼル』第2幕のパ・ド・ドゥを見ていただきました。ウラーノワはものすごく静かに、それぞれの場面の手の動きなどを見せてくださる。香り立つものを感じ、それだけでも素晴らしい学びのひと時となりました。

ウラーノワのまなざしは鋭く強い。私の魂を感じとり、奥深くに秘められた心を引き出そうとしているように感じました。表層的に型を学ぶとか、技術を教えるとか、そういうことではない。そのたたずまいには、過ごしてきた激動の時代、歴史、その中での喜びや苦心、そういうものも一瞬一瞬ににじみ出て、私の魂の奥深くにまで伝わってくるようでした。

数日後、松山バレエ団の稽古場に来られ、第1幕を指導してくださいました。ジゼルは体の弱い女の子という設定なので、第2幕で精霊になることが想像できるよう弱々しく踊る方もいらっしゃいます。でも、そうでしょうか。ヌレエフにも教えていただき、また松山バレエ団での『ジゼル』を通じて、ジゼルはただただ純粋にアルブレヒトを愛している。とてつもなく純粋に愛し、人を信じる。だから、信じていたものが違って、ショックを受けて命を落としてしまうけれど、第2幕ですべてを許す。その強さ、そこから第1幕が現れてくるように感じてきました。そういうジゼルへの思いをウラーノワとも共にしていたことを感じ、うれしく思いました。ウラーノワのジゼルはナチュラルでとても自然、音そのもの。そこに近づけるように努めました。

レッスンを通じて、「踊りの奥に秘めた心を十分に理解してそれを忘れて踊りなさい。まねごとでなく自分自身の独自の創造をしてください」とも求められました。ジゼルを踊る時には、最も大切なのは愛であること。生も死も越えて許す愛の強さを教えていただいたように思います。

宿泊しているホテルに、私が犬を連れて遊びに行くととても喜んでくださいました。部屋では常にバレエシューズを履いていて、「ここに摑まって毎日レッスンしているのよ」と手すりを摑んでバーレッスンの動きをしたり、花瓶をバーベルのように持ち上げたり。絶えず体を鍛えられているのです。

ウラーノワは人生そのものがバレエ。革命、革新の時代を生きてきて、バレエという芸

ルドルフ・ヌレエフと『ジゼル』を踊る森下さん

ソ連を代表するバレリーナのガリーナ・ウラーノワ（右）のレッスンを受ける森下さんと清水哲太郎さん

術に時代の本質、人間の心の最も美しい輝きを表現してこられたのです。意志と信念を貫いた姿に触れることができ、大きな感銘を受けました。バレエの神様、ウラーノワ、そしてバレエの女王様、マーゴ、子供の頃に写真集で心から憧れた大切なお二人に直接教えていただけたことは、かけがえのない素晴らしいことだと、人生の出会いに感謝するとともに、その時の思い出を大切に心深く留めています。

湾岸戦争直後のアメリカ公演

平成の時代に入ると、松山バレエ団の活動が非常に充実していきました。
湾岸戦争が始まった1991年1月17日、私は清水哲太郎さんとニューヨークにいました。

《湾岸戦争は、米国を中心とした多国籍軍が、クウェートに侵攻したイラクに対して空爆を始めて開戦。多国籍軍がクウェートを解放して、2月27日に終結した》

松山バレエ団の米国デビューの準備のためです。1月22日から2月3日まで、ニューヨークとワシントンで公演を行う予定でした。世界中の優れた舞台芸術が上演される米国で、私たちの思いを届け、皆様に喜んでいただきたいという清水正夫先生の熱意で実現したものです。私たちは独自にリハーサルをするために先乗りして、馴染みのレストランに立ち寄ったところで戦争が始まったというニュースを聞いたのです。

公演は予定通り行われました。演目は、ヌレエフ、ウラーノワに育てていただいた『ジゼル』と、哲太郎さんが振り付け・演出した『マンダラ』でした。

《『マンダラ』は、1987年の初演時は『新当麻曼荼羅《しんたいままんだら》』という題名だった。奈良県の当麻寺《たいまでら》に伝わる国宝から想を得て作られた。隠れキリシタンの娘と彼女をモデルにマンダラを描こうとする絵師との悲恋の物語だ》

哲太郎さんは、宗教の違いを乗り越えて愛し合う若者を描くことで世界が一つになれる可能性を探ろうとしました。偶然にも宗教対立も一つの要素としてあるだろう戦争が始まった直後に上演することになり、テーマが際立ちます。私は人間としての強さ、奥深さがにじみ出るようにと思って舞台に立ちました。

米国のお客さんは正直なので、感動すると大きな拍手で応えてくださいます。私たちの思いを受け止めていただいた実感がありました。

休憩の時、ロビーで清水正夫先生は米国人の女性から「キリスト教徒と仏教徒が一つになることはありえないのでは」と指摘されたそうです。その方が最終的にどのような感想を持たれたのかは知るよしもありませんが、宗教の違いを越えてわかり合うことの難しさを感じ、そういった言葉が出るからこそ上演した意味があったと思いました。人と人とが理解し合えるように舞台芸術を通じてさらに思いを深めていく必要があると思ったのです。

この公演については、ニューヨークタイムズに、バレエ団を丁寧に紹介した記事が載りました。日本のバレエの状況や、私が日本に軸足を置いて活動していることなどを踏まえつつ、この作品で哲太郎さんが「道徳と宇宙の真理を呼び起こそうとしている」と、意欲を評価してくださったことをうれしく思いました。

この頃の松山バレエ団のことをお話ししましょう。80年に哲太郎さんが『ロミオとジュリエット』などの大作の創作を手がけ始めたあたりから、母親の松山樹子先生から少しずつ代替わりを始め、哲太郎さんが総監督、松山先生が芸術監督という体制で、お互い意見を出し合いながら稽古を進めるようになります。

哲太郎さんは、お客さんが喜び、感動する作品を、一人の力に頼らず、団の全員で作り上げることに強いこだわりを持っています。こうした松山バレエ団ならではのカンパニーのあり方を、私は哲太郎さんや、稽古を指導するバレエミストレスたちと共に、いっしょに考えるようになりました。

私はプリマバレリーナですから、作品を背負って立つ役割です。演出家の考えが実現できるよう、常に身体を鍛えておく必要があると思っています。公演回数が相変わらずとても多かったので、その時できることを大切に、毎日精一杯取り組む日々。でも、体のケアの仕方やバレエへの向き合い方はそれまでと全く変わっていませんでした。

巨星2人との別れ

その頃、私が多大な影響を受けたバレエ界の巨星が相次いでこの世を去りました。

91年2月には、マーゴ・フォンテインがご主人の祖国であるパナマで亡くなりました。71歳でした。その年のニューヨーク、ワシントン公演の時は、マーゴが来てくれたら心強いと思ったものですが、その頃は生死の境をさまよっていたのでしょう。

マーゴは88年に、私がブラジルのバレエ団のニューヨーク公演に客演した時、楽屋に来て激励してくださり、また、90年には、パナマで『白鳥の湖』を上演するので振り付けに清水哲太郎さんを呼びたいと手紙をいただきました。

がんで体調が悪いとはうかがっていて、米国で手術を受けたらいいのにとみんなで心配していたのです。

93年は、ルドルフ・ヌレエフが亡くなりました。54歳という若さでした。

《ヌレエフは80年代前半にエイズウイルス（HIV）に感染したものの、舞台に立ち続け、指揮者としても活動した。92年に開幕したパリ・オペラ座バレエ団の『ラ・バヤデール』が最後の演出作になった》

最後に全幕作品を一緒に踊ったのは、88年3月、ウィーンでの『白鳥の湖』でした。幕が完全に下りた後もお客さんの拍手が続き、帰らずにいてくださったので、舞台の横からあいさつをしました。

6月にニューヨークで開かれた彼の50歳を祝う公演には、マーゴやイヴェット・ショヴィレら歴代のパートナー、そして彼と関わった多くの人たちが招かれました。ヌレエフは「ヨーコは自分が教えたんだ」と自慢したかったみたいで、いろんな方に私を紹介してくださいました。

91年の私たちのアメリカ公演の時は、ヌレエフもアメリカにいました。電話で「一緒に食事でもどう」と誘ってくださったのに、行けなかったことが残念です。その時は、「今度『ライモンダ』を上演するんだ。ヨーコに絶対合うと思うから踊ってみればいいのに」など、時間の許す限りバレエの話をしました。

彼はよく「マーゴはすごいよ。バレエの世界では、クイーン・オブ・イングランドだったのに、こんな若造の言うことを謙虚に聞いて、自分のポケットに全部しまい込んだん

『マンダラ』を踊る森下さんと清水哲太郎さん
（©エー・アイ。飯島篤さん撮影）

１９８３年の松山バレエ団創立35周年記念公演で、
『白鳥の湖』を踊ったルドルフ・ヌレエフと森下さん
（©エー・アイ。飯島篤さん撮影）

だ」と言っていました。私もヌレエフから学べることはすべて学ぼうと思っていました。

ヌレエフのお葬式は、93年1月にパリで行われました。千葉県での公演後、清水さんと夜の航空便で駆けつけました。

会場はパリ・オペラ座。花がたくさん飾られたロビーにヌレエフの棺を6人の男性舞踊手が運び込む様子を、私たちはテラスから見守りました。オペラ座の舞台を正面から眺めたのは、この時が初めて。それまでは楽屋口のある裏手の風景しか知らなかったのです。

お墓では「ヨーコ、先にどうぞ」と周りの方から促され、一番最初に花を入れさせていただきました。ヌレエフが私を大事にしていたことをみんなが知っていたのです。彼はとても静かで心が広く、大きく、温かく、優しい人でした。バレエを深く愛していて、言動から優しさがにじみ出ていました。

マーゴとヌレエフから、私は宝物をたくさんいただきました。素晴らしいタイミングで、世界のバレエを変えた人たちと出会え、直接教えていただいたことに心から感謝し、大切にして次の世代につなぎたい。私が今も現役で踊っていることを、お2人とも喜んで見守ってくださっていると思います。

新生『白鳥の湖』に挑む

1994年には、松山バレエ団が、清水さんが演出・振り付けした新『白鳥の湖』を初演しました。古典バレエの代名詞と言われる傑作を、清水さんが独自の視点で作り直したのです。

《『白鳥の湖』は、悪魔の呪いで白鳥に姿を変えられたオデット姫と王子の悲恋を描く。1877年の世界初演が不評だったため、古典バレエの父と呼ばれる名振付家マリウス・プティパと、弟子のレフ・イワーノフが改訂した。チャイコフスキーが作曲した組曲の演奏順は変更され、使われなくなった曲もある。現在上演されている『白鳥の湖』のほとんどは、この版に基づく》

7歳の頃に広島でオデットのソロ、10歳の時に橘バレヱ学校で第2幕、15歳で牧阿佐美バレエ団の公演で全幕を踊らせていただきました。主人公のオデット役は1000回以上も踊っています。

幼い頃、4羽の白鳥を見て、私もあんな風に踊りたい、そう思った時から、『白鳥の湖』は憧れでもありました。若い頃は第2幕のオデットはこうあるべきじゃないか、オデイールはこう、などと考えすぎていた部分もあったかもしれません。でも、やっていく中でオデットもオディールも女性としての美点を持っている、オデットは内に秘めたものがすごく強く、たくましく、また清らかですごく強い意志を持った女性。また、王子はオデットの人間としての美しさに心惹かれるのですが、オディールも王子が間違えてしまうくらい、オデットと同じ純粋な美を持つ存在だと思うようになりました。オデットの香りのする中に華々しいオディール。内には真の美しさを携えているのです。

そして、新『白鳥の湖』で私のオデット、オディールは進化します。

《新『白鳥の湖』は、舞台を神聖ローマ帝国に設定し、帝国乗っ取りを目指す悪魔ロットバルトに立ち向かう王子とオデットという構図を明確にしてドラマティックな物語を作った。振り付けについても、第2幕の見せ場のグラン・アダージオや白鳥の踊りなど名振り付けを生かしながら創造的に再編した》

清水さんはチャイコフスキーの曲をすべて使って時代性を埋め込んだ新しい『白鳥の湖』を作りたい、と考えていたのです。新しい作品に挑めること、新しい「黒鳥のグラン・パ・ド・ドゥ」を踊れることをとてもうれしく思いました。

オデットの位置づけも、とても個性的で面白いのです。美しくて清くて前向きで、どんな苦境にも決して屈しない。前に突き進んで、未来を切り拓き新しい世界を創っていこうとする強さを持っています。それほどの魅力を持っていたために、黒鳥オディールも彼女に憧れてしまうというのです。

『くるみ割り人形』のクララ、『ロミオとジュリエット』のジュリエットなど、清水さんが演出したバレエのヒロインはみんな強くて前向きなのですが、新『白鳥〜』のオデットは、その中でも最高級の美徳を持っているのです。

これほど人を惹き付ける人物を造形するのは難しいですが、とてもやりがいがあります。私にとって演出家の意図は絶対。求められるものを身体で表現できるように身体と心を鍛えておかないといけないと思っています。その上で、内面から魅力がにじみ出るように懸命に稽古に打ち込みました。

初演は5月3日、東京のオーチャードホールで。王子の戴冠を祝う宴が行われる「薔薇《ばら》庭園」、ロットバルトが陰謀を巡らす中、王子とオデットが出会う「銀の森」など、バレエ団全員で織りなす鮮烈な場面が続きます。お客様がステージ全体が見渡せるよう、日本では珍しく客席に向けて傾いた斜め舞台で上演しました。

オデット役の私が登場するのは第2幕「銀の森」の途中から。従来の『白鳥の湖』なら拍手で迎えられるところですが、この時は、水を打ったように静かでした。お客さんは、ドラマに引き込まれていたのでしょう。

この舞台に登場するロットバルトは巨大な羽根を持っていて、ポンと触れるだけで、オデットも白鳥たちも跳ね飛ばされてしまいそうです。終盤、ロットバルトに追いつめられた白鳥たちに、オデットは訴えます。「絶対に屈してはいけません。最後の1羽になっても絶対に屈してはいけません」。最後は、オデットは倒されますが、白鳥たちが力を合わせてロットバルトを圧倒します。これは肉体の力でなく、内なる力。どんなことにも屈しない精神の力を描いているのです。新『白鳥～』のオデットは、決してつつましいだけの女性ではないのです。

上演時間は、休憩を含めて4時間を超えました。それでも、バレエを深く愛されていた高円宮憲仁親王《たかまどのみやのりひと》殿下は「すごい舞台を作りましたね。長いですが素晴らしい」とほめてくださいました。この大作を演出しながら王子役を踊り抜いた清水さんのエネルギーに敬服します。

以来、この力強く美しいオデット、そして、松山バレエ団全員で織りなすダイナミックな新『白鳥の湖』を、様々な場所で踊ることになります。

人生の師、稲森和夫先生の言葉

２００１年に、舞踊歴50周年を迎えました。今思えば通過点でしたが、半世紀踊り続けることは大きな意味を持つことでした。なぜなら一人では絶対にできませんから。両親や多くの方の支えと、素晴らしい出会いに、感謝の思いを新たにしました。

年齢と共に技術的なことは若い頃と同じようにはできない、それは人間として当たり前のことだと思う。でも私はもともと不器用だったこともあり、時間がかかってもやっていくうちにできるようになる、ということが身体深くに染み込んでいます。バレエに対して素直に、毎日稽古をしていく中で、日々新しい発見があること、毎日稽古ができる環境にあることはとても幸せなこと。だから、できることを大切にやっていく。できなかったことは、また次に頑張ろうと、いつも思っているのです。バレエは簡単にはできませんが、コツコツ積み上げていくと少しずつできるようになる。それがとても素晴らしいところでもあり、年齢を重ねたからこそ研ぎ澄まされ、表現できることもある。一瞬一瞬命をかけて稽古をして、やってきたものを全部出す。自分をさらけ出して人間そのものの美しさを描き出し、生きていてよかったと思ってくださるようなものを少しでも感じていただけたら、と思うようになりました。そして、何より、大切なことは作品を通して何を訴えるかです。

さらに本質を深めていけたらと思い始めた頃、稲盛和夫《いなもりかずお》先生の著書『生き方』を清水哲太郎さんに薦められて読ませていただきました。すると、先生の言葉を抱きしめたくなるほど感動を覚えたのです。

《稲盛和夫さん（1932〜2022年）は鹿児島県出身。1959年に京都セラミック（現京セラ）を創業。第二電電（現KDDI）の設立、日本航空の再建を主導したカリスマ経営者。『生き方』（サンマーク出版）は2004年に刊行された》

この本で先生は「人間は何のために生きるのか」を問い直し、生まれてから死ぬまで魂を磨いていくことの大切さを説いてくださっています。

この世の当たり前のことをただただ守って実践していくこと、人間は死ぬまでにどれだけ魂を磨いていけるか、ということに尽きると書かれています。あまりの奥行きの深さと、たくさんの人を幸せにしていこうとする熱情に、読むたび深い感動を覚え、毎日のようにベッドの中で読んでいます。だから、私の本はボロボロです。

ある時、稲盛先生に直接お会いする機会をいただきました。ごあいさつさせていただくと、素朴な口ぶりで「おお、バレエの人はきれいやな」とおっしゃった。松山バレエ団の大阪公演にお招きしたいと申し出ましたが、自らチケットを買ってご覧になり、大変感動してくださいました。そして「鹿児島でもやらにゃあかん。子供たちに本物を見せにゃあかん」と宣言されたのです。

新『白鳥の湖』を踊る、森下さんと清水哲太郎さん。1994年、東京のオーチャードホールにて初演（©エー・アイ。飯島篤さん撮影）

2007年、松山バレエ団鹿児島公演の終演後、稲盛和夫さん（中央）と談笑する森下さん（右）（©エー・アイ）

稲盛先生の企画で2007年9月21、22日に鹿児島市民文化ホールで『くるみ割り人形』の上演が決まりました。3000人の小中学生と保護者を無料招待するため、私財を寄付してくださいました。一家そろって見られるようにしたことが先生の慧眼《けいがん》です。見終えてから、家族で感想を語り合って絆を深めてほしいと考えられたのです。

公演には地元でバレエを習っている子供たちも出演し、私は主人公のクララを心を込めて踊りました。終演後は、先生の故郷愛に応えたい一心で、サプライズでオーケストラに「故郷《ふるさと》」を演奏していただきました。先生が若い頃に故郷を思って口ずさんでいた大切な曲です。先生は公演後のパーティーで涙ぐみ「公演をお母さんに見せたかった」とおっしゃいました。

この公演では善意が善意を呼び、離島から来るお客様には旅費の支援も重ねて行われました。皆様の温かい気持ちに満ちた美しい公演となったのです。

稲盛先生の飾らない姿を間近に見て、その純真さに胸を打たれました。人間として何より重要なことは、どういった生き方をするかです。目先のものにとらわれるのでなく、自分の中の大切な魂を磨いていくために、私たちは生まれてきたのです。たくさんの先人や先輩方は、それぞれの生き方を見せてくださることで、私に純真さを呼吸するがごとく、静かに植え付けてくださったのだと思います。利他の心に満ちあふれた稲盛和夫先生は2

022年夏に亡くなられました。松山バレエ団全員がその温かいお心に触れ、とても大切なことを学ばせていただいたことに、心から感謝しています。

バレエの世界を広げるためならばどこへでも

私たちが踊る場所は、豪華に飾られたステージだけではありません。バレエを劇場で見ることが難しい環境にある人にも楽しんでいただきたいので、どこにでも出かけています。

2002年は東京都内の女子少年院で踊りました。森山真弓《もりやままゆみ》先生が法務大臣だった時に対談させていただく機会があり、矯正施設などのお話をうかがったことがきっかけでした。

《森山真弓さん（1927〜2021年）は東京府（現、東京都）出身。元衆議院議員。労働省（現、厚生労働省）を経て政界に転身。89年に女性初の官房長官に就任するなど女性の社会進出の先駆け的な存在だった。2001年に法務大臣に就き、刑務所の抜本改革に取り組んだ》

施設は小規模な学校のようで明るい雰囲気でしたが、院生の皆さんは最初うつむき加減でした。『白鳥の湖』など名作の抜粋をトークを交えて見ていただくと、やがて、食い入るように舞台に集中していきます。

終演後は十数名の院生さんとの座談会。みんな穏やかな顔をしている、かわいい女の子たち。「どうして来てくれたんですか」「何歳からバレエを始めたんですか」などと私への質問が止まりません。

この子たちがなぜ事件を起こしたのか理由はわかりませんが、何かが心に届いていたらとてもうれしいと思いました。この日の感動を忘れずに、更正して社会で活躍していることを祈ります。

2004年頃から、障がいを持たれている方向けのバリアフリー・バレエコンサートを都内の様々な会場で開くようになりました。ここでは踊りとトークに加え、舞台を降りてお客さんと交流もします。目が見えない方、耳が聞こえない方、体を動かせない方などお客さんは様々。私たちは語りかけ、客席に降りて、衣装を触っていただいたり、音楽をかけて一緒に踊りを体験していただいたりして、バレエの世界の素晴らしさを伝えます。

中には積極的に話しかけてくださる方もいました。その時気付いたのは、どなたも前を向いて進もうとし、生きていることに感謝の思いを持っていらっしゃることです。

あるバリアフリー公演で、私と清水哲太郎さんが踊った『白鳥の湖』の見せ場グラン・アダージオが思いがけない感動を呼びました。

《グラン・アダージオとは『白鳥の湖』の第2幕に登場する美しいパ・ド・ドゥ。ヴ

ァイオリンやチェロの独奏に乗ってオデット姫と王子が優美に愛を確かめ合う》

来てくださった一人に、見ること、聞くこと、話すことができない状態でストレッチャーに横たわった女の子がいました。バレエに接するのも初めてだったそうです。

公演後、彼女のご両親からお手紙が届きました。グラン・アダージオの場面で、彼女が意思を伝える手段で使っているボードに、「きれい」という3文字が浮かび上がったというのです。それは生まれて初めてのこと。視覚や、聴覚を超えて、私たちの表現が直接心に届いたこと、そして感覚で感じる生命の力、心と心なのかもしれませんが、人間という存在の根源にある美、豊かさに深く感動しました。

２０２０年には、スクールバスを待っていて殺傷された児童が通っていた神奈川県川崎市のカリタス学園で公演を行いました。事件で傷ついた心を癒やすとともに、命の尊さや人を愛する喜びを舞台から伝えたかったのです。このほか、子供たちが長期入院している病院でも公演を行っています。

昔、松山バレエ団に入団したての頃、広島の体育館で公演を行い、両親がびっくりしたことがありました。どんな場所でも、バレエをお届けするのは松山バレエ団の伝統でもあります。ＭＥＴ《メト》の舞台も、体育館の舞台も、一瞬一瞬にすべてをかけるという意味ではすべて同じ。バレエを通じて生きる喜びや勇気や希望を持っていただきたい。これからもどこにでも出かけて、心を込めて踊りたいと思います。

東日本大震災復興の願いを込めて

２０１１年3月11日、東京の松山バレエ団では、私と清水さんの稽古と、０歳児クラスのレッスンが行われていました。団員たちは東京都狛江《こまえ》市の劇場に行き、翌日の舞台の仕込みです。午後2時46分、「何か変だ」と思ったらたちまち揺れが激しくなり、屋外に避難しました。

ニュースを見ると、東北地方が地震と津波で大変なことに。東日本大震災が起きたのです。東京では交通機関が止まってしまったので、子供と付き添いのお母さんは稽古場にマットを敷いて宿泊することになりました。すると、オムツの買い出しに出かける人がいたり、仕事を終えたお父さんたちも続々と訪ねてきたり、簡単な料理を作ったりして、バレエ団が避難所みたいになりました。

地面が揺れた時、まず思ったのは「稽古しなければ」ということ。私たちは、どんな時でも毎日同じようにコツコツ稽古をやり続けないといけません。翌日、団員たちが狛江から帰って来ました。ご親族の安否を聞くと、幸いにもみんな無事、そこで数日間、休んだ後、レッスンを再開できたのです。

清水さんとは被災地の人たちに何ができるのかを話し合いましたが、余震と放射性物質の不安が残る中で、直接出向くのは難しい。ならば、東京にいながらできることをきちんとやっていこうという結論になりました。バレエ団の近くの避難所に、福島でバレエを習っていた子が3人身を寄せていたので、バレエ団に招いて一緒に稽古をできるようにしました。

この年、私は舞踊歴60年を迎えさせていただきました。記念公演は、新『白毛女』。私の転機になった作品を全面的に作り直したのです。

《新『白毛女』は清水さん演出。従来の『白毛女』に込めた平和への強い思いを引き継ぎ、新たな時代の人々の心に届くように改作した。音楽は、中国の作曲家・厳金萱《げんきんけん》による高音の女声ソロと勇壮な合唱が特徴的な曲に変わった》

清水さんの狙いは「スピード感と若々しさ」を出すこと。そのため、音楽は、上海市舞踏学校がこの作品の上演時に使う勇壮な曲に変更されました。力強く激しい音楽を体になじませて踊り抜くには、大変なエネルギーが必要です。私は命がけで立ち向かうつもりで稽古に臨みました。その苦難が、結果的にはプラスに作用しました。身体に負荷がかかった分、様々な苦難が降りかかる主人公の喜児《シーアル》の心境のみならず、被災された方々の痛みをリアルに想像できました。役に近づくとともに、被災地への祈りも込めて踊ったのです。

清水さんは、鎮魂と復興を祈る創作を始めました。翌12年は『コッペリア』を改訂して上演しました。

《『コッペリア』は、変わり者の博士が作った機械人形を巡るコミカルなバレエ。清水版では、自然災害で娘を亡くした哲学者が、どうしても彼女に会いたいために、そっくりな人形を作ったという設定にした》

大胆に作り変えましたが、それでいいと思います。アーティストは強いメッセージを持って舞台に立たないといけない。日々の稽古もそうですが、何のために踊るかを考えながらやっていかなければならないのですから。

14年3月には宮城県石巻《いしのまき》市の皆さんの招きで、新『白鳥の湖』の石巻公演を行いました。それに向けたリハーサルは、震災をどう捉えるか、お客様となる被災された皆様と同じ気持ちを分かち合えるか、伝えられるものは何かなどと自分たちに問いかけながら進めました。

公演当日は冷たい風が吹く寒い日でした。市内の復興は進んでいましたが、会場の石巻中学校の体育館はかつて避難所だったところですし、震災の記憶はまだ鮮明でした。

お客さんは子供からお年寄りまで1300人。3月の石巻の厳しい寒さの中、早朝から

2007年、障がいのある方向けのバリアフリー・バレエコンサートを開催。森下さんと清水哲太郎さんのトークが行われた（© エー・アイ）

2014年、東日本大震災後の宮城県・石巻公演にて。盛大な拍手に包まれた（© エー・アイ。飯島直人さん撮影）

3時間以上も並んで開場を待つ方もいらっしゃいました。本番では、どんなに絶望的な状況でも決して屈せず、何があろうと明るく前に進み、立ち止まらないという決意を込めて踊りました。会場は静まりかえり、お客さんが集中してご覧になっているのがわかりました。白鳥たちが力を合わせて悪魔を倒すラストでは、多くの方が目頭を押さえていました。

踊り終えると舞台を降りてお客さんと握手をしましたが、どなたも手を握るとなかなか離してくださらない。ものすごく喜んでいただけたことが伝わってきます。会場が一つになったと思えるほど、心と心が通い合う実感がありました。

この経験は私たちの大きな学びになりました。来てくださった皆様の真剣に、ひと時も目を離さない様子に、私たちの方が大きな勇気をいただくことに。そして人々の心の危機を救う舞台芸術の可能性をみんなで考えるようになったのです。

40年ぶりのヴァルナで、感動再び

同じ年の7月には、ブルガリアで開かれたヴァルナ国際バレエコンクールの審査員をやらせていただきました。ヴァルナに行くのは、1974年に出場して金賞をいただいて以来、40年ぶりです。例年、夏のこの時期は公演の準備をしているので日本から離れることができません。ただ、2014年はコンクール創設50周年の節目に当たるとうかがったため、2次予選から8日間参加させていただくことにしました。

コンクールの審査員は、パリやニューヨークの国際コンクールなどでも務めさせていただきました。1989年に東京で開催されたローザンヌ国際コンクールの時は、10代だった熊川哲也《くまかわてつや》さんが金賞を獲得し、日本人として大変うれしく思ったのを覚えています。

さて、40年ぶりのヴァルナ、会場の野外劇場は、壁に伸びたツタが増えていましたが、雰囲気は昔のまま。楽屋や舞台の床はきれいに整備されています。

「1974年のゴールドメダリストです」。審査員席に座る時、アナウンスで私を紹介してくださると、ウワッと歓声が上がりました。観客の老夫婦からは、「あなたの踊ったブラックスワン、忘れられないわ」と話しかけられました。ヴァルナの皆さんは、この大会を心から愛しています。人の温かさは40年前と変わりませんでした。

審査員は、世界各国から来られた17人。ウラジーミル・ワシーリエフ、シリル・アタナソフらバレエ界のレジェンドもいらっしゃいました。踊り手としては、みんなリタイアされていますから、バケーションに合わせて奥さんやお子さんを連れてきています。しかし、私は現役なので稽古を休むわけにはいきません。事務局が事情を理解してくださり、私のためにリハーサル室を用意してくださいました。審査員が稽古をすることは相当珍しかったようで、私がその部屋から出て、参加者のいるところで体を動かしていると、スタッフから「ここはコンペティター（コンクール出場者）しか入れません」と注意されました。すかさず「私、審査員ですよ」と伝えると、その方は気の毒なぐらい恐縮していました。

世界中から集まった出場者たちの全体的な印象は、「ストロング」です。特に男性が。みんな同じように難しいテクニックでも何でもできるのです。その分、審査は難しかった。私が評価したいのは、音楽性や人間性など内面から出てくるもの。その点で突出したものがないと金賞には届かないのです。

ほかの審査員も同じ考えだったようで、この年は金賞が出ませんでした。パリ・オペラ座バレエ団のオニール八菜《はな》さんは銀賞でした。

八菜さんは、技術がしっかりしていて素直で好感の持てる踊りを見せました。繊細で日本人の良さが出ていたので、何かのきっかけがあればパッと伸びると直感しました。

《オニール八菜さんは1993年東京都生まれ。母は日本人。父はニュージーランド人。8歳でニュージーランドに移った。2013年にパリ・オペラ座バレエ団に入団。16年にブノワ舞踊賞を受賞し、23年に最高位のエトワールに就任した。森下さんの予言通り大成した》

会って話をするとてもかわいい子。彼女が決選で踊ったのは、『ドン・キホーテ』のグラン・パ・ド・ドゥ。ルドルフ・ヌレエフが振り付けたバージョンでした。「私もずっと踊っていたのよ。難しかったでしょう」と言いました。そして、「頑張って、たくさん踊ってね」と激励したのです。

ヴァルナでは、受賞者たちが踊るガラ公演に私も特別出演しました。40年前のメダリストは軒並み引退していますから、誰もがびっくりすることです。舞台袖で出番を待っていた受賞者たちは、最初私が踊るとは知らなかったみたいで、私の名前がコールされたら驚いて、大騒ぎになりました。本番では、舞台袖で鈴なりになって私を見ていました。

演目は『鳥の歌』。チェリストのパブロ・カザルスが平和への祈りを込めて弾いた曲をバレエにしたものです。

《パブロ・カザルス（1876〜1973年）はスペインのチェロ奏者。同国のカタルーニャ地方に生まれた。39年にフランコ独裁政権に反発して亡命。生涯平和への強い意思を貫いた。「鳥の歌」はカザルスさんが生まれた、スペイン・カタルーニャ地方の民謡。71年に国連総会で演奏した時、「空を飛ぶ鳥たちは平和、平和、平和と啼《な》くのです」と語って深い感銘を与えた》

この曲には、戦火の中にあろうとも自分は絶対に前を向いて進んでいくのだ、というカザルスの信念が込められていると思います。ヴァルナは黒海沿岸にある都市です。周辺の国では紛争が絶えません。私もカザルスに思いを重ねて踊りました。客席は静まりかえっていましたが、踊り終えると、拍手が鳴り止みません。1回お辞儀して舞台袖に入っても、拍手が続くのです。40年前に金賞をいただいた時の感動を思い出しました。

コンクールで感じたのは、舞台芸術の本質です。みんなすごい技術を持っている。でも、そこから審査員が何を選ぶかというと、やはり中からのもの。ヴァルナはゴールドに値しないと金賞を出しません。踊りから人間性や心の深みが出てこないと、見る人の心は豊かにできない。そのためには魂を磨かないと。私自身も多くの学びをいただきました。

日中の心を結ぶ『白毛女』がさらに進化

私たちの訪中公演は、国交正常化のはるか前の1958年以来、途切れることなく続いています。71年に私が初めて中国で『白毛女』を踊り、周恩来総理が大変ほめてくださったことはすでに触れました。73年は、当時中国で人気を集めていたバレエ作品『紅色娘子軍《こうしょくじょうしぐん》』を学ぶために、私と清水哲太郎さんらバレエ団の9人で北京に長期滞在しました。

《『紅色娘子軍』は、1964年に北京で初演。中国・海南《かいなん》島を舞台に、悪徳地主のもとを逃げ出した娘が、女性だけで作られた軍隊に入り銃を持って革命のために戦

う》

きっかけは、周総理が「道具と衣装を一式贈りたい。あなたたちも、ぜひ中国へ来てこの作品を学んでください」とおっしゃったからです。滞在中、宿泊先の北京飯店から稽古場に向かう時、散髪屋さんに向かう途中の周総理とお会いしました。清水さんを見つけると、周総理は「哲ちゃん」と親しく声をかけてくださいました。団員たちと「周総理だ」とびっくりしたのを懐かしく思い出します。そして「1回上演してから帰りなさい」とおっしゃったため、急遽、私たちと中国舞劇団の合同で『紅色娘子軍』を上演しました。周総理の提案で、私の衣装やピストルなどの小道具は小ぶりに作り直していただけました。

77年には、イギリス・ロンドンでエリザベス女王即位25周年記念公演に出演した後、北京へ行き、『白鳥の湖』の抜粋を踊りました。少人数で行った公演でしたが、実はこれが文化大革命後、初めてのクラシック・バレエの上演だったそうです。それだけに地元の人々の熱は高く、稽古場の鏡が見えなくなるほど多くの見学者が来ました。皆さん熱心にメモを取るものですから、うっかり間違えたところまで参考にされてしまうのではと不安になったほどです。その後の訪中公演では、『コッペリア』や『ジゼル』などの全幕も披露させていただきました。

周総理からいただいたご縁から始まり、中国の皆様は松山バレエ団をとても大切に思ってくださいます。私たちが訪中するたびにニュースで大きく取り上げてくださるので、今では中国全土どこに行っても、松山バレエ団のことをご存じの方と会うことができます。

２０１１年の訪中公演からは新『白毛女』が、中国の皆さんと新たな絆を結ぶことになります。新『白毛女』は、清水哲太郎さんが元の作品に込められた平和への思いを引きつぎ、新たな時代の人々の心に届くよう作り直したもの。世界一素晴らしいと思っています。人の心を揺さぶる涙が出るような苦しみ、それを乗り越えて、前に進む、新しい時代を描くエネルギーを強く感じる作品です。

その年は、中国の文化省の招きで、ヒロインの喜児役を北京と上海と重慶《じゅうけい》で踊らせていただき、カーテンコールでは、バレエ団の団員が中国語で、私たちの『白毛女』の歩みに込めた思いをお話ししました。上海公演では、喜児や相手役の大春を踊った歴代の踊り手も舞台に上がって、私をねぎらってくださいました。

２０１７年は、日中国交正常化45周年に合わせて中国国際文化交流センターの招きで、北京と上海で踊らせていただきました。

北京公演の会場は人民大会堂。北京のお客様は終演後、さっさと席を立ってしまうと聞いていたのですが、その時ばかりは、５０００人を超える皆様が大変熱狂してくださいました。舞台に駆け寄ってきてくださる方も多く、大変うれしく思いました。拍手の音圧も

2014年、ブルガリア・ヴァルナの野外劇場の舞台に立つ

2017年、東京・オーチャードホールで新『白毛女』を踊る。皇后陛下美智子様のご臨席を賜る

凄まじいものでした。そして、１９５０年の映画版『白毛女』で喜児を演じた田華《ティエンファ》さんが観賞された後、楽屋に来てくださったのです。当時90歳近くでしたがとてもお元気で、「爽やかな風に吹かれるように感じました」とおっしゃってくださいました。

　同じ年の11月には、凱旋《がいせん》公演を東京で行い、皇后陛下美智子《みちこ》様（現在は上皇后）と中国大使の程永華《チョンヨンファ》さんに見ていただくことが叶いました。ラストの合唱は、総勢１５０人の在日華僑華人合唱団。日本と中国のたくさんの人の心が合わさった舞台の感動は大きく、会場からは割れんばかりの拍手が。カーテンコールの折、立ち上がって感動を伝えてくださった美智子様と程大使が２階席のバルコニー越しに会釈をかわされていました。その美しさは忘れられません。

　翌18年は重慶、武漢、鄭州《ていしゅう》、青島《チンタオ》、北京を巡演しました。どの会場も、世界中の劇場の優れた部分を取り入れていて素晴らしかったです。国交回復前の中国を知る身には隔世の感がありました。どの公演も多くの方が大変感動して舞台の前まで駆け寄ってきてくださいました。特に北京のお客様は私たちも驚くほどの大熱狂で、客席から伸びた手を握手すると放さないほど大変喜んでくださったのです。

　私が中国で初めて『白毛女』を踊ってから50年以上になります。今でも周総理からいただいた衣装を大切に使い、人々の苦しみを背負い、強さの中から魂の美しさが現れ出るようにと心がけ、踊らせていただいています。この作品が、当初中国で受け入れられた理由の一つに、解放前の庶民の苦しみを描いた作品に日本のバレエ団が目を向けたという珍しさがあったと思います。しかし、時代が移ってもなお上演され、大きな拍手をいただけている。そのことから、私は人々の心を一つにする芸術の力を確信しています。

中国は何千年も前から文化、文明を日本に教えてくれました。近代には戦争という悲しい出来事も起き、松山樹子先生と清水正夫先生はその痛みを背負い、深い贖罪《しょくざい》の気持ちを持って、芸術で人の心と心を結び合わせてくださいました。中国と日本、東アジアの先人、先輩の皆様は、身を挺《てい》して原理原則を守り、まだ手の届かない美しく平和な未来に爪の先をかけ、1ミリずつ温かい心の通い合いを積み重ね、一瞬一瞬、一息一息、日本と中国が抱き合うため、東アジア人の進化発展のため、ご自分の全霊魂を使って、やりとげてくださったのです。

今、ここから先は私どもの番、日本と中国だけではなく、アジア、そして世界中に平和と友情が育まれるよう、先人たちが命がけで築いた中国と日本の文化を通じた絆、そして先人の皆様方の命がけの歩みへの心からの感謝を持って、平和への祈りを込めて踊り続けていきたいと思います。

松山バレエ団創立75周年を迎えて

松山バレエ団創立75周年を迎えた２０２３年、１月２日に団員みんなの稽古が始まりました。１月に行う新『白鳥の湖』（14日、オーチャードホール）、『ロミオとジュリエット』（26日、神奈川県民ホール）と二つの全幕公演に向けて、普段の年より１日早く動き出したのです。

松山バレエ団は、清水正夫先生と松山樹子先生が「芸術は人々の幸せのためにある」という強い思いを持って、１９４８年、戦後間もなく活動を始めました。以来、平和と人間の美しさをバレエを通じてお届けする歩みを、団員みんなと心を合わせて続けてきてくださったのです。

こうして迎えた75周年の幕開けにお届けする新『白鳥の湖』のオデットは、オディールさえも心から憧れてしまうような素晴らしい女性、どんなに絶望的な状況でも決して希望を失わず、仲間を励まし前に進み、大きな悪に立ち向かっていきます。そして、続けて上演する『ロミオとジュリエット』は、人間の躍動感が輝きを取り戻すルネッサンスの空気の中で、若い二人の純真な愛と勇気がいささかいを越えていく物語。ロシアがウクライナに侵攻し、なかなか出口が見えない厳しい世界情勢の中、この二つの作品を上演することになったのです。多くの方に平和、そして手と手を取り合って美しい時代を創っていく魂の輝きを感じていただけたら。そんな思いを特に強く持って、団員みんなで稽古を重ねました。

二作品の上演の間がわずか2週間、ということが決まった時点からそのことを身体に入れて、前年の12月の『くるみ割り人形』公演の頃からリハーサルを組み立てていきました。音を聞いて、自分の身体できちんと深く感じて、身体とコミュニケーションをとっていくのです。

私は年明け、団員達より1日早く、元旦から稽古を始めました。二作品を並行して稽古を進め、新『白鳥の湖』の本番5日前からは、この作品一本に絞っていきます。数えきれないほど踊ってきた作品ですが、まだまだ新しい気づきが日々たくさんあります。どこまでも澄んだオデットの輝きに近づいていきたい。清水さんは稽古場で「もっと出して」「おかしいよ」などと指摘してくれます。その瞬間にぱっとやってみて、まだ足りない、と確認し合う。そんな一瞬一瞬のやりとりを何度も繰り返していく中で、透明度が増していくのかもしれません。そうして本番に臨みます。美しい未来を描き出せるよう強い勇気を持って、前へ前へと進むオデット。宇宙に向かって突き進んでいく強さと輝き、たくましさを感じていただけるようにと思って、踊らせていただきました。

続く『ロミオとジュリエット』の稽古では、清水さんは大きな両家の争い、矛盾を越えていく若い二人の姿があらわれるようにと演出します。ルネッサンスの時代の自由な空気の中、ロミオだけでなく、世界を愛して、喜びに満ちて、先頭に立って前に進んでいくジュリエット。どこまでも明るく、強く、大きな愛を感じていただけるように、清水さんは私に強く要望します。本番、ロミオが去った後の寝室で、ジュリエットは祈ります。あらゆる人が生きていく喜びや幸せを全身で浴びることができますように。平和をなんとしても実現する。祈りを込めてこの作品を上演したのです。

そして5月14日には『ジゼルとアルブレヒト』を東京文化会館でお届けしました。『ジゼル』公演は4年ぶり。今までの『ジゼル』を大切にしながら、清水さんが大幅に作り直し、『ジゼルとアルブレヒト』とタイトルもあらためての上演です。松山バレエ団の『ジゼル』は、1985年にローレンス・オリヴィエ賞をいただくなど、ジゼルのすべてを許す深い愛、そして心の美しさを、大変多くの方に大切に思っていただいてきた作品です。でも今回は、ジゼルとアルブレヒトの一途で深い愛が、身分や階級制度という因習、そして生も死も越えて、より善い時代を切り拓いていく様を描こうと、新たに演出したのです。

ジゼルはものすごく純粋で、透き通った心を持った素晴らしい女性。自分のことは後に回しても人のために尽くすことこそ、最上の喜びと思います。そんなジゼルの心の輝きを、今まで以上に清く、深く、お客様の心に届けられるように、ジゼルとアルブレヒトの深い愛の形が見えてくるように、第1幕では、ヴァイオリンの美しい音色に乗せて、ジゼルとアルブレヒトが愛のパ・ド・ドゥを踊る場面が加えられました。素朴で温かい、将来の幸せな時間を心に描きながら紡がれる、生きている喜びや幸せに満ちた踊りです。そこから一転して、わずかな運命の歯車のずれからあの世に旅立ったジゼル。第2幕の白い森で、ジゼルはアルブレヒトを渾身の祈りで守り、アルブレヒトは霊界の女王ミルタから許され、地上での命を得ます。この時、バチルド姫をはじめ、ジゼルとアルブレヒトの地上での物語を共にした仲間たちがアルブレヒトを捜しに森に入る演出が今回加えられました。アルブレヒトは、この悲劇のきっかけになったヒラリオンの亡骸を抱きかかえ、その魂を救います。ジゼルからの深く強い愛によって、地上のすべての人を愛し、許し、慈しみ、善き時代を拓く存在に変わっていくアルブレヒト。ジゼルとともに。そして、ジゼルもまた霊界の女王の座を受け継ぎ、2人はその命の光で、地上の差別も、あの世の秩序も越えていくのです。

こうした新演出により、ジゼルとアルブレヒトの愛、絆、内から出てくる魂の輝きを今まで以上にお客様に感じていただけたのではないでしょうか。本番後には多くの方が立ち上がって熱い拍手を送ってくださいました。出演者も裏方も一つになり、団員一人一人がそれぞれの役をひたむきに一生懸命務めて、松山バレエ団全体として皆様の心の深いところに、大切なものを少しお届けできたのではないかと感じています。

2日後の5月16日には、橘秋子特別栄誉賞をいただき、授賞式に出席しました。10代の頃、厳しく教えていただいた橘先生の賞、その重みを深くかみしめています。賞をいただき、中学生の頃、先生に叱られたことを思い出しました。『運命』でデビューした次ぐらいの舞台だったでしょうか、公演後に橘先生に呼ばれました。その公演で、とても気持ちよく踊れたのでほめていただけるとばかり思っていたら、「ひどい踊りでした。どんなにバランスが取れたって、ぐるぐる回れたって、中身がありません」と静かにおっしゃられた。「邪念があったらいけません」。その言葉、深く届きました。いくらテクニックがあっても、精神や心を鍛えないといけないと気づかせていただいた。今も大切に心にとめている、私の宝物のような言葉です。

今回の賞は、私が踊り続けていることを、橘先生、牧先生、そして多くの先人、先輩の皆様が喜んでくださり、また励ましてくださっているからいただけたのでしょう。天国から「もっともっと、頑張りなさい」とメッセージを送ってくださっているように思います。

そして、6月4日に千葉県いすみ市で『ジゼルとアルブレヒト』を踊り終えた後、楽屋に戻る途中「次は、『シンデレラ』ね」とつぶやきました。聞いた人は「今、終わったばかりなのに」とびっくりしたことでしょう。一つの演目の練習が始まって、本番を迎え、カーテンコールが終わった時に一番の幸せを感じます。命をかけてすべてを出し尽くし、舞台を終えることができた喜び。でもそれはその一瞬のみ。楽屋に戻る時には、もう次の舞台のことを考えているのです。

毎日新鮮に、1年生に戻って稽古ができることを、何よりも幸せに思っています。毎日の稽古の延長線上に舞台があるのです。朝は7時半に起きて、お風呂で体を温めてからゆっくりストレッチや腹筋、背筋運動、そしてバレエ団で朝礼、みんなと一緒に基本レッスンを1時間半くらい、そしてリハーサルを5、6時間。夜は次の日に疲れを持ち越さないよう身体のケアに努めます。食事は1日2回、身体を動かしている途中は、昼食をとらずにチョコレートなどをつまみ、夜はしっかりと。そしてその日のレッスンを思い返し、明日はこうしてみよう、ああしてみよう、と常にバレエの事ばかり、バレエは私の人生のすべて、呼吸するくらい自然なこと。そして、私にとっての松山バレエ団はもはや家族という存在を超えています。生きていることの証し。私と切り離すことができない大切なところ。今年取り組んだ新『白鳥の湖』や『ロミオとジュリエット』、そして『ジゼルとアルブレヒト』も、感動のあまり涙が出た、というお言葉をたくさんいただきました。深いところで、心の危機を救う、命を慈しむ表現となるよう、毎日稽古場でみんなで台本を共有し、演出の意図を大切にベクトルを合わせて、稽古をする。世界中でこんなバレエ団は他にありません。松山バレエ団ならではです。

今、私は東京の青山にある稽古場にいます。１９４８年に松山樹子先生と内務省を退職された夫の清水正夫先生が松山バレエ団を創立した時は、幼稚園を借りて稽古していましたが、その後、今の場所に稽古場を建てられました。終戦直後の食糧も満足に手に入らなかった時代、お二人のご英断のお陰で今の私たちがあります。稽古場に飾られている松山樹子先生と清水正夫先生の写真を見ると感謝の念が湧いてきて、「歌ってね、歌ってね」という松山樹子先生の声や、いつも「洋子ちゃん、頑張りなさい」「よかったよ」などと励ましてくださった清水正夫先生の温かい声が聞こえてきます。

松山バレエ団は、創立75周年を迎えさせていただきました。バレエがヨーロッパで生まれてから４００年以上、それを思えばまだまだ長いマラソンの途中で、折り返し点にも行っていない短い時間かもしれません。でも清水正夫先生、松山樹子先生はじめ、先人、先輩の皆様が命をかけて、多くの人の心に希望をお届けしよう、幸せをお届けしようと力を尽くしてくださってきて、今の私達がいます。次の75年、そしてまた次の75年とバレエは更に発展し、より皆様の心に親しいものとなり、多くの人の心の危機を救い、幸せをお届

松山バレエ団の団員たちとともに
踊る森下さん（手前）

2008年、松山バレエ団創立60周年の年に。（前列左から）清水正夫さん、松山樹子さん、（後列左から）森下さん、清水哲太郎さん

けするものになるでしょう。またそうなるようにみんなで努めていかなければと思います。時間は戻ることも、また、分けることもできません。ただただ一回生起の今が、私たちを作ってくれています。その時間と一つになって、75周年から一歩踏み出していきます。ただただひたむきに、目の前の自分のなすべき仕事、使命に、手形がつくくらい打ち込み、精魂を込めて働いていく。どのような状況になっても、天変地異が起こっても、努力を惜しまないで、やるべきことに没頭して、果てしのない情熱を出し尽くしていく。そういうことを通じてのみ、価値あることができるのではないか、そう今、松山バレエ団創立75周年の年に決意をしています。

私は本当に幸せです。新『白鳥の湖』、『ロミオとジュリエット』、『ジゼルとアルブレヒト』を踊った後に、大作の『シンデレラ』にも挑める場を作っていただけるのです。そのことに感謝して、それに応えられる体と内面を1秒も無駄にせずに作っていって、本番を終えたい。そして、楽屋に戻る途中、こう言うでしょう。「次は『くるみ割り人形』ね」と。今できることを大切に、これからも表現を深めていきたいと思います。

第二部　輝き続ける理由——公演によせて

書かずにいられなかった公演評

祐成秀樹（読売新聞東京本社編集委員）

私が、森下洋子さんの舞台を論評した記事は、２００３年から23年まで計16本。演目は、新『白鳥の湖』『くるみ割り人形』『眠れる森の美女』『ジゼル』『シンデレラ』『ロミオとジュリエット』『ドン・キホーテ』『コッペリア』、そして新『白毛女』とレパートリーは一通り網羅していて、我ながらよく書いたものだと思うし、ほかのアーティストでこれほど書いてきた人は存在しません。それができたのは、この19年間、森下さんの舞台が常に感動的で書かずにはいられない気持ちにさせてくれたからです。

その間の年齢は54歳から74歳。普通の舞台人なら少しずつフェードアウトしていくものですが、久々に記事を読み返してみると、森下さんは年を重ねるごとに新たな魅力を増していることがわかりました。奇跡というしかありません。

ここで私のことを少し紹介させてください。私が読売新聞文化部の舞踊担当になったのは2000年。前任者が退職したため、急遽命じられました。大学時代にオーケストラに入っていたのでクラシック音楽に造詣があるに違いないと当時の上司に見込まれたのです。その時点での私のバレエ鑑賞歴は、盛岡支局にいた1992年に、ニーナ・アナニアシヴィリさんが主演したペルミ・バレエ団の『ドン・キホーテ』ぐらい。予備知識がなかったので、バレエ関係者のインタビューには必死で資料を集めて予習して臨んでいました。

森下さんに初めてインタビューしたのは、2001年1月。舞踊歴50周年を記念した『ロミオとジュリエット』の東京グローブ座での公演に合わせたものです。かなり緊張して臨みましたが、森下さんは気さくに丁寧に答えてくださいました。記事で光るのは「もう、いつまで踊ろうという意識はない。エンドレスです」という言葉。「60歳まで」など具体的な年齢が出ることを予想したので、それ以上に強い「エンドレス」という言葉が飛びだしたので驚きました。そして今、「エンドレス」が現実味を帯びていることに再び驚きます。

もう一つ注目したいのは「150センチ、37キロ――。1970、80年代にルドルフ・ヌレエフやマーゴ・フォンテイン、ジョルジュ・ドンらと共演した時代と体形は変わらない」という一文。森下さんは今も体形が全く変わっていないのですから3たび驚きます。

公演評は、様々な舞台を見て比較検討し、感動を言葉にする筆力がないと書けないものです。残念ながら、この年に上演された50周年記念作、マーラー交響曲第4番に振り付けられた大作『アレテー』の評を書くことはできませんでした。ようやく書けるようになったのは、03年5月の『ジゼル』から。いろいろなプリマの『ジゼル』を見た結果、森下さんの『ジゼル』は全く違っていることに気付いたのです。例えば、「狂乱の場」と称される第1幕幕切れについて。「裏切りの衝撃で肉体が砕かれたかのようだ。いちずに愛し過ぎた純粋な心がはっきりとわかる」と書きました。そして森下さんの表現については「透き通るような体から、内面が鮮烈に浮かび上がる」。すなわち表層的なテクニックでなく重要なのは「内面」。踊りににじむ「心」で感動させる境地に達していたことがわかったのです。

ただ、初期の公演評は不躾《ぶしつけ》なことに、やたらと年齢を強調しています。「〝世界最年長〟のペアが若さに代わる魅力をいかに発揮するかが注目された」(05年

『ドン・キホーテ』)、「59歳で全幕作品に主演できるプリマは世界でも例外的だ」(08年『眠れる森の美女』)という具合。「この年齢でよくぞ頑張っている」という感心が先行していたのです。

その認識が変わるのは、10年の『ロミオとジュリエット』から。書き出しは「彼女はどこまで表現を深められ、強く思いを伝えられるのか」。それからは、森下さんの深化と進化、挑戦、そして彼女を盛り立てる松山バレエ団の活躍を書くことが公演評の眼目になります。「森下は強烈な音楽を全身にみなぎらせてその闘争を綴《つづ》る。身をよじり胸を押さえ、体を強《こわ》ばらせて目を見開き、のたうち回り、ほふく前進もする」と書いたのは、11年の新『白毛女』。東日本大震災の被害者の苦しみに近づくことがテーマの作品でしたが、これほど過酷な振り付けに挑んでいたのです。

19年には2度目の『ジゼル』の評を書きました。「高く跳躍したり鋭く動いたりもしない。ひたすら音楽を丁寧に捉えて踊り、整ったラインの姿形を見せ続けた」「恐らく前回より感銘度は高い。それは年齢を重ねた森下がそぎ落とした表現で役の精髄に迫ったからでは」。これこそが森下さんの現在地であり、長年守り続けてきたことに違いありません。この時は、今思い出しても感動的な舞台で、

第2幕のヴィオラのソロから始まるパ・ド・ドゥで私が不覚にも涙を流してしまったのを、後ろの席にいた清水哲太郎さんに目撃されて気恥ずかしい思いをしたのを覚えています。

あと、今の森下さんを語る上で欠かせないのは「気迫」です。クラシックバレエは、爪先で立ち、上体を引き上げ、型を守って踊らないといけません。重力に抗《あらが》うかなり不自然な動きなので、年を取るにつれてこなすことが難しくなります。現在、森下さんが踊ること自体が運命に抗うような悲痛な行為なのです。だからこそ、踊る時の気迫がすごい。優雅に踊るさなかに、「ハッ」「ハッ」という激しい息づかいが聞こえてきます。

「根性。努力。師匠からすべてを学び取ろうとする書生らしさ」。森下さんが輝き続ける理由を、清水さんに聞いた時、こう答えてくださいました。その姿勢、今も全く変わっていません。当然、そのまま続けてくださるでしょうから、次の節目の舞踊歴80年を遥《はる》かに超え、「エンドレス」で舞台に立ち続けることもあながち夢ではないように思えるのです。

※以下、祐成秀樹記者による『読売新聞』および「読売新聞オンライン」記事。特記なきものは松山バレエ団公演。

『ジゼル』――森下洋子、はかなさと美しさ

2003年5月3日、渋谷・オーチャードホール

この作品で心臓の弱い娘ジゼルは、青年貴族アルブレヒトへの愛を貫く。今の森下洋子は舞台に立つだけで、はかなげな妖精のように見える。透き通るような体から、内面が鮮烈に浮かび上がるのだ。

第1幕でジゼルは、正体を隠したアルブレヒト（清水哲太郎）と愛をはぐくみ、村中の祝福を受けて、貴婦人からも首飾りを贈られる。だが、二人の仲をねたむ男からアルブレヒトの身分の高さを示す刀を見せられ、貴婦人が彼の婚約者だと知る。

ジゼルは母親の胸に倒れ込み、首を激しく振って首飾りを投げ捨てる。続く場面は、たいていのダンサーなら絶望の淵《ふち》で狂い踊るように見えるが、森下の場合は裏切りの衝撃で肉体が砕かれたかのようだ。いちずに愛し過ぎた純粋な心がは

っきりと分かる。

その思いの強さが、第2幕との連続性を生む。ジゼルは深い森に住む精霊になる。アルブレヒトへの愛だけが残ったのだ。

そこでの森下の踊りは雄弁だ。小刻みなステップに跳躍。墓参りに来たアルブレヒトの周辺で、「私に気付いて」とばかりに、片脚を後ろに上げるアラベスクなど美しいポーズを次々と決める。空気に吸い込まれそうなほど小柄で細身なだけに、思いの強さが読みとれる。

だが、アルブレヒトはことさらに目をそらし、ジゼルの姿が見えないことを強調する。現世と、あの世に引き離された悲しみ。そして、精霊の女王がアルブレヒトを罰しようとする瞬間、立ちはだかるジゼルの凜《りん》とした美しさが高められ、息をのんだ。

森下は54歳。年齢を重ねるごとに違った魅力を出し続ける、まれなダンサーと言えよう。構成・演出は清水。


（2003年5月21日『読売新聞』掲載）

『ドン・キホーテ』――端正な舞、衰えぬ森下洋子

2005年1月18日、上野・東京文化会館

スペインの恋物語を活写した古典バレエだ。主人公のキトリとバジルを踊る森下洋子と清水哲太郎は、そろって56歳。〝世界最年長〟のペアが若さに代わる魅力をいかに発揮するかが注目された。原振り付けをヌレエフが再演出した版に、清水が改訂を加えた。

開幕するや目を疑った。床面が見えないほど、群衆役のダンサーがひしめき合っているのだ。だが、舞台奥から赤いドレスのキトリが現れると、空気ががらりと変わる。人垣がサッと散って小さな広場が出来た。

森下が跳ね回り、脚をピンとけり上げて美しいポーズを次々決めると、群衆は見逃すまいと首を動かし、心の底からうれしそうにほほ笑む。彼らがさざ波のように動いて喜怒哀楽を表現するうちに、客席には一体感が生まれていた。

脇役として描かれがちなドン・キホーテ（桜井博康）を物語の中心に据えた。あこがれの姫に夢の中で苦境を訴えられたり、キトリを姫と勘違いして胸をときめかしたり。彼の不器用なほどの純粋さが強く打ち出され、風車を怪物と勘違いして戦いを挑むなどのとっぴな行動も、不思議とうなずけた。

闘牛士エスパーダ（鈴木正彦）の勇壮な踊りやロマの荒々しい群舞といった見せ場も、群衆の中からわき上がるように始まる。様々な要素が物語の流れや全体の調和を崩さないように構成され、出演者も息の合った動きを見せた。表現が過剰な部分はあったものの、バレエ団の総合力は十分に発揮されていた。

森下は、舞台上の空気に身を任せるように自然体で持ち味を出した。大きくはないが正確なステップで跳躍し、ラインの美しい端正な踊りで魅了する。終幕のグラン・フェッテ（大きな回転）にも果敢に挑み、衰えないエネルギーを印象づけた。

（2005年1月25日『読売新聞』掲載）

『眠れる森の美女』――森下洋子、息のむ美しさ

2008年5月3日、渋谷・オーチャードホール

「いつまでこの輝きが見られるのか」。最近の森下洋子の舞台に接するたびにそう思い、一挙一動に目が離せなくなる。今回その思いは特に強かった。59歳で全幕作品に主演できるプリマは世界でも例外的だ。ましてや本作の主人公オーロラ姫役は、古典の技法を守って長時間踊るために集中力、体力も要するからだ。

森下の登場は、オーロラ姫の16歳の誕生日の祝宴。舞台奥の階段を駆け下り、静止してほほえんだ瞬間に空気が変わる。腕を横にそっと伸ばしてあいさつ。ほんの一瞬のしぐさなのに、指先から香気が漂う。

見せ場のローズ・アダージオでは、ゆったり奏でられる美しい旋律に身を任せる。バランスが難しい、片足で爪先立ちして美しいポーズを取り続ける場面は力みがなく、代わる代わる現れる求婚者に差し伸べる手の表情までも豊か。求婚者

『眠れる森の美女』第３幕より、オーロラ姫役の森下さんと王子役の清水哲太郎さん（©エー・アイ。飯島直人さん撮影）

と目を合わせて、恥じらう姿も愛らしい。

王子（清水哲太郎）と結ばれる第3幕では気高さを増す。パ・ド・ドゥの冒頭で王子に抱かれて背中を反らす時のラインは息をのむほどの美しさ。身体を反らし、逆さに支えられるなど華やかなポーズを小気味よく繰り出す。無垢《むく》な少女が愛に包まれて美しく輝く様を、清水の献身的なサポートで体現した。

技巧が問われるあらゆる場面で、森下はそれを誇示しない。代わりに音楽を全身で感じ、振り付けの隅々に神経を巡らせて優雅な動きや端正なポーズに変換していく。表現の一つ一つに心を込めるうちに、オーロラ姫の純粋さがより浄化されていくようにも見えた。

森下がこの役に出会って41年。踊り抜くには年々困難を増しているだろう。だが、役と誠実に向き合い続けることで、その精髄に肉薄している。生き様と到達点の高さが感じられた。


（2008年5月20日『読売新聞』掲載）

『シンデレラ』――森下の至芸「愛」に説得力

２００９年６月20日、横浜・神奈川県民ホール

きらびやかなティアラを髪から外して祭壇から降りるシンデレラ。そして、ひざまずく義母と義姉に手をさしのべる。凛とした足取り、たおやかな指先。この役を生き抜いた森下洋子が光を放っているようだった。

総代表の清水哲太郎が１９９０年に制作したバレエの結末を改訂した。シンデレラが王子と結婚するだけで終わらせず、意地悪な母娘をも大きな愛で包む。その結果、有名な童話が無償の愛の物語へと昇華した。

このテーマに説得力を与えたのが、森下が全編で見せた、愛と純粋さがあふれる立ち居振る舞いだ。床を慈しむようにホウキをかけたり、細やかな手つきで食器を運んだりと、しぐさ一つ一つが美しい。

その上で、至芸を惜しみなく見せる。第１幕で家族が城に出かけた後、シンデ

『シンデレラ』より、シンデレラ役の森下さんと王子役の清水哲太郎さんのパ・ド・ドゥ（©エー・アイ。高橋忠志さん撮影）

レラが舞踏会を想像して踊る場面。森下は腕を優雅に広げてあいさつ、出会う人々にほほ笑みかけ、両親の形見のオルゴールを手車に載せて歩む。しなやかな腕で繰り出すマイムが、客たちの表情、踊りの数々、物音までも思い起こさせた。

やがて魔法で美しく変身し、舞踏会に。王子役・清水とのパ・ド・ドゥでは固く手を握り合い、流れるように美しいポーズを披露する。森下が身を委ね、清水が献身的に支える。ペアを組んで40年になる二人ならではの固い絆《きずな》。次々と愛の瞬間を紡ぎ出すたびに息をのんだ。

回り舞台を駆使して一瞬で大勢の妖精を出現させ、義理の姉役に石井瑠威《るい》と橋本達八という生きのいい二人を起用して舞台を弾ませるなどファンタジーと笑いの要素も十分。楽しく心温まる上質な舞台に仕上がった。

（2009年6月30日『読売新聞』掲載）

『ロミオとジュリエット』——深まる表現　伝わる思い

２０１０年５月３日、渋谷・オーチャードホール

彼女はどこまで表現を深められ、強く思いを伝えられるのか——。近年、ベテランプリマの森下洋子の舞台を見る時の関心事だ。

今回はシェークスピアの傑作を、１９８０年にバレエ団総代表の清水哲太郎が振り付けた舞台の３年ぶりの再演だ。家同士が争う中、若者が命がけで純愛を貫く物語を、森下が身も心も捧げるように熱演し、人々を隔てる壁とそれを乗り越える愛の力を描き出した。

第１幕が衝撃的だ。活気あふれる朝の広場でいさかいが起き、やがて二群に分かれて言い争い、殴り合い、ついには刀を振り回す騒動に発展する。群衆のエネルギーが激しい憎しみに変容する様子を、ステージが揺れ動くような大群舞で一気に表現した。大公が止めに入っても、もみ合いをやめないのがすさまじい。

渦巻く憎悪と対置されるのが、ジュリエット（森下）の純粋さだ。ロミオ（清水）と出会い、時間を忘れて見つめあう。バルコニーで再会すると、彼の腕に飛び込んで愛の喜びをほとばしらせる。ただし、ロミオが彼女のいとこを刺殺した後は、苦悩の底に。相次ぐ衝撃に崩れ落ち、力無く後ずさる。

そのたびに小さな体を突き破るような悲しみが伝わってきた。これは森下が様々な心の揺れを的確なポーズと動きに変換して表現しているからにほかならない。

作中、天空から光が降りたように感じた瞬間があった。秘薬を飲む決意を固めたジュリエットが胸に手を当て天を仰ぎ、やがてアラベスクというポーズを取る。無邪気な少女がいつしか聖女に。いまだ戦乱の絶えない世界に、争いをやめてと祈りを捧げているように思えた。

（2010年5月18日『読売新聞』掲載）

新『白毛女』——体にみなぎる強烈な音楽

2011年5月4日、渋谷・オーチャードホール

森下洋子の舞踊歴60年記念公演だ。国交回復前から中国で絶賛されたバレエを、夫の清水哲太郎が新たに演出・振り付けした。

貧農の娘喜児《シーアル》（森下）は、大地主黄世仁《ホワンスーレン》に借金のかたで奴隷にされるが、逃げだして雪山奥深くに至る厳しい逃避行の果てに髪が真っ白の仙女になる。一方、婚約者の大春《ターチュン》（清水）は解放軍の一員となり、黄の一味を山奥に追いつめて、変わり果てた喜児と再会する。

作曲は中国の厳金萱《げんきんけん》。甲高い女声ソロと勇壮な合唱が特徴的なマグマのような音楽でストレート過ぎるほどの悲しみ、怒り、喜びを表現する。また、市場、屋敷、雪山といった大掛かりな装置を、カーテンを駆使して素早く転換するために緊迫感が途切れない。

新『白毛女』より、喜児役の森下さん（©エー・アイ。内藤勉さん撮影）

喜児は民衆の苦しみを一身に背負う存在だ。森下は強烈な音楽を全身にみなぎらせてその闘争を綴る。身をよじり胸を押さえ、体を強ばらせて目を見開き、のたうち回り、匍匐《ほふく》前進もする。普段は優雅な爪先立ち、跳躍、回転といったバレエの技巧も激情を身体に満たしているためか、ひりひりするほどの切迫感だ。

本作は若き森下を魅了したというが、甘い感傷はない。62歳の小柄な肉体を酷使して今出来ることの極限に挑むように、惨事に屈しない女性を演じきった。あたかも東日本大震災の被災者たちの苦しみに近付こうとするように。ひざまずき、手を胸にかざす姿に心底からの祈りが感じられた。

黄一味を演じた桜井博康や吉田昭子らベテランの憎々しい演技、解放軍と農民たちの連帯を示す一糸乱れぬ勇壮な群舞など団員たちも奮闘した。いささか単調に思えるほど、熱い気迫が伝わってきた。

（２０１１年5月17日『読売新聞』掲載）

『コッペリア』――ほとばしる鎮魂の念

2012年5月3日、渋谷・オーチャードホール

名プリマ・森下洋子の相手役を長年務めてきた清水哲太郎が、今回は演出に専念し、コミカルな『コッペリア』を重厚に改訂した。

舞台は自然災害で多数の犠牲者を出した町。「復興祭」の準備でにぎわうが、様子がおかしい。植木鉢を手に踊る女性たちは突然泣き出す。哲学者コッペリウス（鄭一鳴《チェンイーミン》）の家のテラスには行方不明のはずの愛娘《まなむすめ》コッペリアが不安げに姿を見せる。日常が戻ったようでも心の傷は癒えない。今の日本と重なる情景だ。

第2幕は青白い死の世界だ。若者のリーダー、スワニルダ（森下）がコッペリアに会うために家に忍び込むと、数多くの人形があった。それらは犠牲者たちを模したもの。コッペリウスは人形を作って鎮魂しようとしていた。

清水の独創的な読み替えには驚かされた。原作通りにドリーブ作曲のしゃれた

バレエ音楽を生かしながら、震災の犠牲者への鎮魂の思いがほとばしる全く異なるドラマを展開させたのだ。

踊りも深められた。スワニルダがコッペリア人形になりすまして踊る名場面は、清水演出では、コッペリウスから見れば娘が生き返った瞬間で、スワニルダにとっては敬愛する女性と同一化する過程だ。森下は強ばった手や足をポッ、ポッと小さな炎がともるように動かし、生命が静かによみがえる様子を心を込めて表現した。

終幕、コッペリウスは娘の死を受け入れて決然と舞うが、その後も大きな物音に動揺する。心の傷が簡単に癒えないことが、鄭の悲しみをたたえた熱演で印象づけられた。森下の相手役の鈴木正彦も好演した。全体的に要素を盛り込み過ぎて細部が分かりにくいのは惜しいが、清水の強烈な思いは伝わった。

（2012年5月15日『読売新聞』掲載）

人のために——プリマの決意

2014年3月15日、宮城・石巻中学校

「何のために踊るのか」。世界のプリマ・森下洋子は20代の頃、後に公私にわたるパートナーとなる清水哲太郎に問われて、踊る目的が「ただ好きだから」ではなく「人のために」と変わったという。

その決意は60歳を超えた今も変わらない。東日本大震災後は主宰する松山バレエ団と共に追悼の祈りを込めて踊り続けた。宮城県石巻市の石ノ森萬画館を設計した黒木正郎《くろきまさお》がその姿に感動し、「子供たちに見せてあげたい」と思い立って地元の人々と招請に奔走、3月15日に石巻中学校で無料公演が実現した。

演目は清水演出の新『白鳥の湖』の短縮版。4トントラック3台分の機材を運び込んで青白く輝く銀の森、豪華な戴冠式《たいかんしき》など普段の公演と変わらない質感の舞台装置を作り上げた。森下はオデット姫役。被災者の苦難に感応したような厳しい表情で美しいポーズを紡ぎ出す。子供から老人まで１３００人の観客は一心に見つめ、白鳥たちが力を合わせて魔王を倒すラストでは多くが目頭を押さえていた。

終演後、森下は時間の許す限り観客と握手をした。「心の底から苦しまれた方もいらっしゃるのに皆さん強くて明るい。その姿は今度踊る『シンデレラ』役につながります。大きな感動を呼ぶものを作らないと」と森下。さらなる使命を感じたようだった。

（２０１４年３月28日『読売新聞』掲載）

『シンデレラ』――見せ場の間に震災の記憶

2014年5月3日、渋谷・オーチャードホール

東日本大震災以後、松山バレエ団の総代表・清水哲太郎は演出作に、鎮魂や復興への祈りを込めてきた。上演作は、けなげな少女が幸せをつかむ物語をつづるプロコフィエフの名曲に振り付けたバレエ。今回の5年ぶりの再演では、被災地・石巻公演を経た心情が読み取れた。

シンデレラ役は森下洋子。ほうきや雑巾がけなどを美しくアレンジしたソロの量は前回より増した。さらに義母や姉が踊りを習う間も振りをまねたり、寒さに震える老いた女性（実は時の女王）を介抱したりとちょこまかとよく動く。60歳を超えたベテランには楽なことでないが、森下は笑顔を絶やさず、音を巧みに捉えてはつらつと舞い、一つひとつのしぐさに心を込める。それは苦難の中でも前向きに生きる被災者と自身を重ねて踊っているように見えた。

冒頭には妖精たちの舞う、力強い曲を追加。彼女らは神秘的な森の風景を作り出すとともに幼きシンデレラに美徳を授ける。以後も回り舞台を駆使して魔法のように妖精の群舞を登場させてヒロインや王子を元気づける。震災の犠牲者が今なお生者を見守っているように。

こうした主張は昨年の『コッペリア』では全編で表に出た。だが、本作では義母や姉たちのコミカルな騒動や王子とのロマンス、大がかりな群舞に場面転換といった見せ場の間にバランス良く盛り込んだ。風化しがちな震災の記憶を思い出させるとともに、幻想的で叙情性豊かな音楽で展開するグランドバレエの魅力も楽しめた。また、時の女王役の佐藤明美の表現力の豊かさや、夏と秋の精役の小野踊子《ようこ》、熊野文香《ふみか》ら次代を担う面々の成長が感じられたのも心強い。

（2014年5月20日『読売新聞』掲載）

多くの幸せのために

2014年7月、ヴァルナ国際バレエコンクール・ガラ公演

　今年は森下洋子の動きが目立つ。3月は被災地の宮城・石巻で復興を祈って踊った。7月はブルガリアのヴァルナ国際バレエコンクールの審査員を務め、ガラ公演にも出演した。

　1974年の同大会で森下は金賞を獲得して世界で活躍するきっかけを得た。今回が50周年のため、熱心な要請を受けて40年ぶりに訪れた。

　先日感想を聞くと、伝統のある大会ならではの厳しさを再認識したという。当時より「レベルは上がった」というが、プロ対象のシニア部門では金賞を出さなかった。「内面を出すとか、歌うように踊るとか、人を引きつけるものが足りない。金賞には技術プラスアルファが必要なんですよ」と話す。この結果は審査員の総意。厳格なジャッジで権威は保たれるのだろう。改めて自身の偉業を実感し

たに違いない。

ガラ公演では、チェロ奏者カザルスが愛した『鳥の歌』で踊った。「ヴァルナは黒海沿岸。近くで戦争は起きています。平和の祈りを込めました」。舞台袖では出場者たちが鈴なりになって見つめたという。

65歳でクラシックを踊れるだけでも並大抵のことでないが、被災者や若手にエールを送る機会を持とうとする意欲はすごい。「多くの人の幸せのためにバレエがあると感じています」と森下。今後の舞台では、その思いがさらに表れるのだろう。より多くの人に見てほしい。

（2014年9月5日『読売新聞』掲載）

『ロミオとジュリエット』――「森下洋子の奇跡」再び

２０１６年5月3日、渋谷・オーチャードホール

また森下洋子の奇跡を見た。舞踊歴65周年記念公演なのに、円熟という言葉が似合わない。本作の６年前の上演より若返った出演者の情熱を浴び、みずみずしく踊った。

イタリア・ヴェローナを舞台に、家の対立で引き裂かれる若者たちの悲恋を描く。シェークスピアの傑作を情感と色彩豊かにつづるプロコフィエフの音楽に、バレエ団総代表の清水哲太郎が劇的に演出・振り付けした。

36年前の初演以来踊り続けるジュリエット役・森下に対し、ロミオは初役の刑部《ぎょうぶ》星矢《せいや》26歳。身長1メートル80センチで手足が長く動きがシャープだ。２人が愛を確かめ合うバルコニーの場で、ジュリエットに迫る時は熱い思いがほとばしるよう。これまでの上演より高く彼女をリフトするため、感情の盛り上がりが

より強く感じられる。一方、好漢マキューシオ役の本多裕貴《ゆうき》の明るさを振りまく小気味良いソロなど、若い力に満ちた踊りの数々が舞台全体に活力を与えていた。

するとし清水版の特色である群衆シーンの迫力が増す。第2幕では人々が一体になって熱狂するカーニバルの群舞が、いつしか二つに分かれ、憎み合う両家の人々の衝突に変わる。憎悪の連鎖が容易に消えない国際情勢を連想する場面だが、その衝撃度が強まった。続く場面のマキューシオの死の悲しみは胸に迫ってくる。

エネルギー渦巻く中、森下だけは静謐《せいひつ》な空気をまとっていた。磨き抜かれた美しい姿形、流麗な動きは他の誰とも違う。ときめき、恋の喜び、絶望といった紡ぎ出す感情はより鮮烈だった。


（2016年5月24日『読売新聞』掲載）

『ジゼル』――森下が描く清らかな軌跡

2019年3月10日、上野・東京文化会館

村娘ジゼルは、身分を隠した貴族アルブレヒトと愛し合うが、彼の正体や婚約者の存在を知った衝撃で死ぬ。精霊となった後も愛を貫く。この役はバレリーナの総合力が問われる。快活な少女とはかない精霊の踊り分けに、古典の技巧と演技力も要するからだ。

そんな難役に舞踊歴68年の森下洋子が13年ぶりに挑んだ。無謀どころか、心を込めて見事に踊りきったのだ。

例えば第2幕前半、精霊のジゼルの憑《つ》かれたようなソロ。森下は小刻みな回転や足さばきをきっちりこなす。見せ場のパ・ド・ドゥの冒頭では、ゆったり奏されるヴィオラの音色に溶け込むように片足を上げてから、優雅なポーズを連ねる。

森下は全編を通じて高く跳躍したりも鋭く動いたりもしない。ひたすら音楽を

丁寧に捉えて踊り、整ったラインの姿形を見せ続けた。やがて脳裏に刻まれるのは、清らかな軌跡だ。まるでジゼルの心のような。

演出は清水哲太郎。盛り込み過ぎず刑部星矢が演じたアルブレヒトの造形にこだわった。政略結婚で婚約させられていてもジゼルを一途《いちず》に愛する。刑部は期待に応えた。森下に動きを合わせて寄り添う姿、美しさを際立たせるように共に踊る姿に愛があふれる。

それだけに第1幕最後、結ばれないと知ったジゼルのショックは大きい。そこでの森下は絶望が命の火を消していく様を繊細につづる。ありがちな「狂乱の場」にならず、悲しみが伝わってきた。

恐らく前回より感銘度は高い。それは年齢を重ねた森下がそぎ落とした表現で役の精髄に迫ったからでは。精霊の女王ミルタ役の石津紫帆《しほ》が好演。ジゼルの母親役の大胡しづ子も健在。全員に気迫を感じた。

（2019年3月19日『読売新聞』掲載）

コロナで公演中止、稽古場で至芸
——逆境に立ち向かう森下洋子さんの気迫

２０２０年5月

70歳超えても第一線の〝レジェンド〟

70歳を超えても第一線で踊る〝レジェンド〟森下洋子さんの近況を紹介します。古典バレエは爪先で立ち、上体を引き上げ、型を守って踊らないといけないので、年を取るにつれて踊ることが困難になります。だからこそ森下さんが現役でいるのは奇跡的。踊ること自体が運命に抗うようなものですから、いつもすさまじい気迫が感じられます。

今回は、彼女が主演する松山バレエ団の新『白鳥の湖』のことを書きます。「新」とあるのは、おなじみの名作を１９９４年に松山バレエ団総代表の清水哲太郎さんが作り直したから。主人公オデット姫と王子が悪魔と闘い、打ち勝つ姿を、他のバレエ団の上演版より濃密に描くので、見るうちに勇気をもらえます。

何回も見た中、最も感動したのは2014年に東日本大震災の傷痕が残る宮城県石巻市の体育館で行われた公演です。森下さんの厳しさをたたえた美しさ、白鳥たちが力を合わせて悪魔を倒すラストが、復興に向けて助け合う被災地の人々の思いと共鳴したようで、観客の大半が目頭を押さえていました。

苦難背負った聖人の祈りのように

この新『白鳥の湖』を、2020年は5月3、4日に東京・渋谷のオーチャードホールで踊るはずでした。森下さんが困難に立ち向かうヒロイン役を踊る姿は、不安な日々を送る観客を勇気づけると信じていました。が、緊急事態宣言の発令で、公演は中止になりました。

ただ幸運にも、その以前に中止が発表された3月20日の神奈川公演の代わりに、同日、東京の稽古場で行われたパフォーマンスを見られました。本番通りの衣装と構成で上演されたので、森下さんの心意気の一端に触れられました。

至近距離ですから、劇場では優雅に見える振りが、いかに力を要するかが分かります。ハッ、ハッとポーズを決めるたびに発する気合。爪先立ちや脚を上げる時にギュッと引き締まる筋肉。次第に汗がにじみますが、息は上がりません。

やがて第2幕の見せ場グラン・アダージオ。悪魔の呪いから逃れられないオデットが、彼女に一目ぼれした王子に身をゆだね、恋心を高めていく。ロマンチックな場面ですが、森下さんと王子役・堀内充《じゅう》さんの踊りに甘さはありません。厳しい表情で腕を広げ、胸を反らすなど磨き抜かれたポーズを決めていく。それらは愛の営みでなく、人々の苦難を背負った聖人の祈りのよう。森下さんの表現は深化し、他のバレリーナとは別の次元にいます。

パ・ド・ドゥの練習も困難に?

こうした男女2人が織りなす美しい踊りはパ・ド・ドゥと言い、バレエの花形です。手を取り、体を合わせて展開しますから、人同士の接触を最小限にすることが求められる今、練習することが困難です。ほとんどのバレエ団は稽古場を閉鎖し、ダンサーは自主練習を強いられています。

「バレエは、1日稽古をおこたると自分にわかり、2日おこたると仲間にわかり、3日おこたると観客にわかる」。これは森下さんの至言ですが、バレエは日常的に厳しい鍛練を要します。それだけにバレエダンサーが現役でいられる時間は大変短いものです（森下さんは例外ですが！）。早く普通に稽古できる日々が戻ってほしいものです。

（2020年5月7日「読売新聞オンライン」にて配信）

『くるみ割り人形』――コロナ疲れに勇気

2020年11月15日、上野・東京文化会館

バレエ界の年の瀬の風物詩と言えば、『くるみ割り人形』です。コロナ下でも、各バレエ団が趣向を凝らした舞台を上演します。私は一足先に、11月15日に東京文化会館で、森下洋子さんが主演した松山バレエ団の『くるみ割り人形』を見てきましたが、「コロナ」で沈んだ心に不思議と響く舞台で、元気をもらえました。そこで、今回は、松山バレエ団の清水哲太郎さん演出版の『くるみ割り人形』にスポットライトを当てます。

まずは、物語のおさらいから。クリスマスパーティーで、少女クララは、ドロッセルマイヤーおじさんから不格好なくるみ割り人形を贈られます。クララは人形を抱いて眠りにつくと、不思議な夢の世界に。そこで、ネズミの大群に襲われますが、人形と力を合わせて撃退します。すると、魔法が解けて人形は元の美し

い王子の姿に戻り、彼女を雪の国やお菓子の国に案内します。

初演は不評　歴代振付家が改訂にトライ

１８９２年にサンクトペテルブルクで初演。作曲はチャイコフスキー、振り付けは古典バレエの父と呼ばれるマリウス・プティパと、レフ・イワノフ。ところが、初演は不評だったそうです。プティパが体調を崩して制作にさほど参加できなかったこと、主人公が子供のために踊りの見せ場が少なかったことなどが理由と言われています。

ただし、音楽は親しみやすい旋律ばかりで傑作です。そこで、その後、多くの振付家はチャイコフスキーの組曲に独自の振り付けをして上演するようになりました。その結果、今では世界中で様々なバージョンの『くるみ割り人形』が見られます。

別れの踊り、しぶといネズミ　唯一無二の清水哲太郎版

その中で、松山バレエ団総代表の清水さんが演出・振り付けした版は、唯一無二の個性を持っています。初演は１９８２年。以来、森下さんがクララ役を踊り

続けていること自体が、他のバレエ団ではあり得ないことです。しかも、年を重ねるごとに森下さんが衰えるどころか、表現の深みが増しているのがすごい！　一方、清水さんは世情に合わせて手を加え続けていますから、毎年見に行くと、定番に触れる安心感とともに新たな感動が得られるのです。

演出面の大きな特徴の一つは、クララがパワフルなこと。ネズミと戦う場面では、攻められる王子を積極的に守ります。また、終盤、クララと王子による「別れのパ・ド・ドゥ」という切ない踊りを追加しました。一夜の夢物語で終わらせず、クララが愛する人との出会いと別れを経験して、大人の女性へと成長するドラマに仕上げたのです。私がバレエを見始めた2000年頃、松山版の最大の見どころは、この成長物語でした。

このほか、冒頭でクララが家の外に出てパーティーの客を歓迎するところとか、ネズミを不気味でしつこい存在として造形したことも、清水版の特徴です。

リーマンショック後、震災後に改訂

2008年のリーマンショック後は、作品の背景を変えました。戦争で物資が乏しい中、辛《つら》い1年を乗り切った人々がクララの呼びかけでシュタールバウム家

の手作りパーティーに集って励まし合うという始まりにしたのです。これって、当時の観客の気分と重なりますよね。

２０１１年の東日本大震災後は見える形で改訂しました。パーティーに集う人も被災したとして、彼らが犠牲者に似せた人形をクララ家に持ち寄る設定にしました。舞台上は、人形をびっしり祀《まつ》ったアンティーク・オルゴールが設けられて厳粛な雰囲気に。毎年、この場面を見ると、震災の年の気分が蘇《よみがえ》るのみならず、その年に逝った知人たちのことを思い出します。

舞台に立てる喜び　驚くほど細かい足運び

で、今年の清水版ですが、目立った改訂はありません。ただ、コロナ禍で松山バレエ団は大型公演を中止し、活動も停止しました。そのため、森下さん以下、団員たちは気力、体力も温存したのでしょう。何より踊りが力強かった。舞台に立てる喜びや、作品に込められたものを伝えようとする意志、森下さんの新パートナーの大谷真郷《まさと》さんをもりたてようとする気迫がビシビシと伝わってきました。

かなり遅いテンポの序曲に乗って、森下さんがドアを開けて満面の笑みを見せると大きな拍手。そろりそろりと階段を降りて歩き出すと少し滑る。この驚くほど細かい足運びを見るうち、クララの足元に降り積もった雪、周りの寒気まで想像できます。やがて、客が到着。クララは駆け寄ったり、話しかけたり。見るうちに私もクララに歓迎されている気分。舞台芸術が危機に瀕《ひん》した今年も、恒例の『くるみ割り人形』が見られるのだと胸が熱くなりました。

この冒頭があるから、観客は招待客の視線で作品を眺められる。清水版が心に響く理由の一つでしょう。

26歳の新パートナーも合格点

大谷さんは26歳。40歳以上も年上の「世界の至宝」をリフトしないといけないのだから、想像を絶するプレッシャーがかかっていたはずです。登場したのは、ネズミとの戦いの場面で、くるみ割り人形のかぶりものをつけ、カクカクした動きで刀を振り回します。

注目は、魔法が解け、王子に変身した後の立ち居振る舞いです。大谷さんの物腰は柔らかく、さしのべる手も優しげ。ちゃんと王子に見えました!

鮮やかな転換に感動　胸に迫る別れ

今回、一番感動したのは、第2幕の「水の国」から「お菓子の国」への場面転換です。先に書いた通り、清水版のネズミたちは、しつこくて見た目もグロテスクです。パーティーの間もすきがあれば、人形を抱いたクララに忍び寄ります。また、大抵の上演版では第1幕途中で退治された後は姿を消しますが、清水版では第2幕冒頭の「水の国」でも生き残りの大ネズミが登場して、王子とクララに襲いかかります。

この場面、薄暗くて気分が重くなるのですが、王子が大ネズミに剣を突き立てると、舞台全面がパッと明るくなり、「お菓子の国」に。華やかな衣装に身を包んだ人々が、流麗な音楽に合わせて幸せそうに躍動します。

この目が覚めるような転換で、スカッと気持ちが晴れました。これこそ、コロナ下で私たちが忘れていた感覚です。なかなか退治されないネズミが「コロナ」とも重なりました。その後は、明るい気持ちでお菓子の精たちによる楽しい踊りを堪能しました。

逆に、切実さが増したのは「別れのパ・ド・ドゥ」でした。王子は天上界の人。地上のクララとは結ばれない運命なのです。去ろうとする王子の腕をつかむ姿、激しい悲しみで倒れそうになって身を寄せるクララの切ないこと。見る側も、気持ちが晴れた瞬間は、つかの間の夢だったと思い知らされ、現実に引き戻されます。

身を挺して希望のメッセージ

ただ、終景では勇気をもらえました。夢からさめ、招待客を見送ったクララは雪の中に一人。泣きじゃくった後、天を見つめ、前に一歩踏み出したところで幕が下ります。その時、森下さんの目にたたえた輝きと歩みの力強いこと！

開幕から約2時間、爪先で立ち、上体を引き上げ、型を守って、心を込めて踊り続ける。身を挺して森下さんが届けてくれたのは、ひとときの安らぎ、そして希望を失わず前を向こう、というメッセージでした。ただ、このことは私の個人的な感想です。言葉のないバレエという芸術から感じ取れるものは人それぞれだと思います。

（２０２０年5月7日「読売新聞オンライン」にて配信）

新『白鳥の湖』――舞踊歴70年、真珠の輝きと圧倒的な華

2021年7月10日、渋谷・オーチャードホール

7月10日に森下さん率いる松山バレエ団が東京で上演した新『白鳥の湖』を見ました。森下さんの舞踊歴70周年記念公演でもあり、生涯の師である松山樹子さんの追悼公演という気合の入った舞台でした。そこで、今回は、森下さんと『白鳥の湖』にスポットライトを当てます。

『白鳥の湖』は、チャイコフスキーが作曲した4幕のバレエです。主演バレリーナはオデットとオディールの2役を踊り分けます。オデットは悪魔ロットバルトの呪いで白鳥に姿を変えられた。湖畔で王子と出会い、やがて愛し合います。対するオディールは悪魔の手下。オデットとそっくりの外見で王子の心を奪ってしまいます。

主演は15歳から1000回以上

森下さんが『白鳥の湖』の全幕公演でオデット／オディール役を初めて務めたのは1964年で15歳の時でした。以来、主役を1000回以上務めましたが、94年を境に踊りの種類が変わります。当初は、プティパ＝イワノフ演出版という現在もっとも多く見られるバージョンを基にした踊りでしたが、94年に夫の清水哲太郎さんが演出・振り付けした新『白鳥の湖』が初演されてからは、同作の振り付けを踊り続けています。

清水演出版の特長は、チャイコフスキーが構想した通りの曲順を生かして、壮大なドラマが繰り広げられること。物語の舞台を神聖ローマ帝国に設定し、帝国乗っ取りを目指す悪魔ロットバルトに立ち向かう王子とオデットという構図を明確にしたのです。圧倒的な強さの悪魔に対し、正義の二人が苦しみつつも力を合わせて最後に勝つ。オデットと王子に、観客は時々の悩みを投影できるので、いつ、いかなる場所で見ても感動を呼ぶのです。

現代の不安とリンク　衝撃的なプロローグ

オープニングは独特です。昨年8月の公演から衝撃的なプロローグが追加されたのです。チャイコフスキーの交響曲第5番の穏やかなホルンソロに乗せて、王子の誕生と成長という輝きに満ちた場面が続きますが、曲調が不穏になると、ロットバルトが娘たちを捕らえて怪鳥の姿に変えるおぞましい場面に切り替わるのです。繁栄の裏側で崩壊の危機が迫るという、現在の多くの人が感じているだろう不安と重なります。

その印象が脳裏に刻まれると、第1幕は虚飾の世界に見えました。豪華に飾られた宮廷の薔薇《ばら》庭園で皇太子の戴冠《たいかん》を祝う舞踏会が繰り広げられるのですが、そびえ立つきらびやかな装置と背後に広がる冷ややかな青さの背景のコントラストが際だって見え、帝国の繁栄が束の間のものと感じられるのです。その不安を、清水版独特のロットバルトの暗躍が強めます。彼は豪華な装束の貴人になりすまして王子にすり寄り、陥れようとするのです。

磨き抜かれたたたずまいで優しい光

一転して第2幕は純粋な世界。真っ白な衣装に身を包んだオデット姫が王子と魂の交流を繰り広げます。オデットの登場場面は、アラベスクという片脚を後ろに持ち上げるポーズから胸を反らして腕を羽ばたかせる一連の動きが印象的なところですが、森下さんはこれ見よがしに踊りません。年齢によって衰えるどころか、磨き抜かれて角が取れたたたずまい。ゆったり演奏される音楽に身を任せて、小ぶりでも整ったポーズを紡ぎ出してオデットの清らかさを印象づけます。とはいえ、か弱くはありません。両腕を上げて爪先立ちするポーズの力強いこと！共演者の誰より大きく見え、かつて「東洋の真珠」と称された通り、心の奥底から優しい光を発しているようでした。

王子役は、昨年から森下さんの相手役を務める27歳の若手・大谷真郷さん。音楽と同調した腕のしなやかな動き、飛形の整った跳躍などから成長ぶりがうかがえました。彼の安定度が増した分、オデットと王子が愛を確かめ合う見せ場グラン・アダージオの感動が高まりました。オデットが王子に身を任せる瞬間、心地よい温かさが広がったのです。

全身から輝き　華やかに、小気味良く、スピーディーな技も

しかし第3幕の印象は、全く違います。ファンファーレが鳴り、ロットバルトのマントの中からオディールが現れる場面で、力強いポーズを決めた森下さんは全身から輝きを放っていました。王子の花嫁候補である各国の王女たちと一緒に

踊る時はひたすら明るく、王子とのパ・ド・ドゥは粋で小気味良く。終盤は、シェネという移動しながら回転する技を、全く軸をぶらさずにスピーディーに決めました。圧倒的な華を見せたのです。

清水版のオディールは、悪魔にさらわれた高貴な娘で、オデットに憧れを抱いているという独特な設定です。だからこそ、森下さんは、ありがちな妖艶《ようえん》さを強調する演技をせず、オデットと同様に純粋な心を持った女性を造形したのでしょう。その結果、王子は一時、完全に心を奪われますが、悪魔のわなだと知るやオデットを助ける決意をします。

絶望からの再生　悪の滅亡

そして運命の第4幕。王子が裏切ったと思い込んで絶望した白鳥たちをロットバルトがいたぶります。清水版では、大胆にもモーツァルトの名曲「アヴェ・ヴェルム・コルプス」を追加して、王子が傷ついた白鳥たちを救う美しい場面を作りました。心の汚れを洗い落とすようなメロディーが流れる中、王子が一人一人を助け起こす。紗幕《しゃまく》越しに柔らかな光の中に見える王子の優しげな手つきが実に印象的でした。

クライマックスは悪魔との戦い。王子とオデットはロットバルトに迫りますが、巨大な羽に倒される。しかし立ち上がり、オデットが最後の力を振り絞って一撃を加えると悪魔はたじろぎます。すると、白鳥たちが立ち上がり、力を合わせてロットバルトを倒します。

オデットの復活　松山樹子さんは永遠の命を得た

最後は壮大な音楽が流れる中、力尽きたオデットを抱きかかえた王子が壇上に立ち、白鳥たちは泣き崩れます。しかし、祈りが届いたのかオデットは静かに身を起こします。その時、ひらめきました。オデットこそ松山樹子さんなのでは、と。松山さんが森下さんに教えたこととは「一音一音に限りなく価値があること」「自分の中の本当のものが、おのずとわき出てくるように、浄化していくようなに」など数限りない。この日の森下さんの踊りこそ、松山さんの教えを実践したものでした。音楽の魅力を余すところなく伝え、表現一つ一つから澄みきった魂が感じられたのです。その結果、柔らかな光、華やかな輝きで、見る人の心を明るくしました。山川晶子《あきこ》さん、佐藤明美さんらベテラン勢や、若手の太細七保《たさいなお》さん、藤本晃子さんら共演者たちも同じものを目指していました。

そして、松山さんは、日中国交正常化前、平和の願いを込めたバレエ『白毛女』を制作して訪中公演を行うなど、困難に負けずに活動して作り上げた作品で多くの人々の心に灯《あか》りをともしました。その姿は、オデットの優しさ、果敢さとも重なるのです。オデットが復活するラストを見るうちに、新『白鳥の湖』の中で松山さんは永遠の命を得たのだと確信しました。

（2021年7月15日「読売新聞オンライン」にて配信）

追悼　松山樹子さん――圧巻の舞台　日中の懸け橋

本名・清水樹子《しみずみきこ》さん。２０２１年5月22日、急性心不全で死去、98歳

梅雨空が緩んだ6月30日、日本バレエ界の草創期にダイナミックに活動した松山樹子さんの葬儀式が東京で開かれた。

国交回復前から訪中公演を行って文化交流に尽力しただけに、弔辞は中国の孔《こう》鉉佑《げんゆう》駐日大使。「平和と発展への希望を伝えた松山先生の舞台は、中日及びアジアの観客に最高の感動を与えました」とたたえた。

喪主を務めた長男で松山バレエ団総代表の清水哲太郎さんは約30分あいさつ。「世界と東アジアの人間と芸術で通じ合うという圧倒的なメッセージを全身全霊で投げかけ続けてまいりました」と熱くしのんだ。

この2人の言葉通り、松山さんは国の枠を超えてバレエに打ち込んだ。

鹿児島県出身。１９４６年、焼け野原から日本のバレエ界が復興する契機とな

った日本初の『白鳥の湖』の全幕公演に出演した。48年に清水正夫さんと松山バレエ団を創設。中国の農民の苦難と解放を描いた映画『白毛女《はくもうじょ》』に感動して55年に同作をバレエ化した。同年、サルトルら文化人や学者などが集ったヘルシンキ世界平和大会に参加。帰途にモスクワに立ち寄って伝説のバレリーナ、ウラーノワと一緒にレッスンを受けた。58年には初の訪中公演で『白毛女』を上演した。

行動と同様に踊りは力強かった。「抑圧された悲しみを乗り越える強さを持った役の印象が残っています」と舞踊評論家のうらわまことさん。「スタイルがよく体も柔らか。しっかりした古典バレエの技術を持ち、役に合わせて的確な表現ができました」。

舞台姿に魅了された一人が、森下洋子さんだ。70年に『白毛女』を見て「気が付いたら涙が止まらなくなった。体ごと役にぶつかって作り上げていく表現力に感動しました」。その後、師事を許されて「手取り足取り教えていただいた」。そして行動力を受け継ぐように世界中で踊った。

一方、78年に松山さんは55歳で現役を引退。80年代に哲太郎さんが振付家として腕を上げると、団の創作面でも道を譲る。「引き際は潔かった。肉体的には踊れたのに後は任せたという感じでした」と森下さん。2人の成長に安堵《あんど》したのだろう。哲太郎、森下夫妻が率いる松山バレエ団は今も訪中公演や平和の尊さを伝える作品の上演を続ける。

晩年は表舞台に出なかったが、バレエ団の精神的な支えであり続けた。葬儀式では、団員が「思いをささげる」踊りと語りを披露した。「いつもあなたはそばにいてくれた。おかあさん。松山先生。愛してます」。女性たちが身を震わせて踊り、棺《ひつぎ》にほおずりをして別れを惜しんだ。

（2021年7月21日『読売新聞』掲載）

『ロミオとジュリエット』──奇跡のジュリエットと平和の祈り

森下洋子1年遅れの70周年公演が問いかけること

2022年5月3、4日、渋谷・オーチャードホール

2021年、バレリーナ・森下洋子さんの舞踊歴70周年記念公演として企画されながらも、緊急事態宣言によって延期されていた『ロミオとジュリエット』の東京公演が5月3、4日にオーチャードホールで実現しました。その舞台では、森下さんが奇跡的なみずみずしさを発揮するとともに、団長を務める松山バレエ団が一丸となって疫病や戦争で分断が進む現在に一石を投じようと大熱演しました。そこで、今回は森下さんと『ロミオとジュリエット』にスポットライトを当てます。

節目を飾ってきた『ロミオとジュリエット』

上演作は、イタリア・ヴェローナを舞台に家の対立を乗り越えて愛し合う若者を描いたシェークスピアの戯曲のバレエ版です。基になったのが、悲劇を色彩豊かにつづったプロコフィエフ作曲の組曲で、歴代の振付家が立体化してきました。松山バレエ団では、１９８０年以来、森下さんの夫でバレエ団総代表の清水哲太郎さんが演出した版を踊り続けています。森下さんにとっては特に大事にしている演目で、舞踊歴50年、65年といった節目に踊ってきました。「この作品で、私は平和の尊さを届けたい。人と人とが手を取り合って前に進む、その輝きを届けられたら」と、昨年のインタビューで熱い思いを語っていました。

コロナ禍、戦禍で手直し

清水さんは、上演する時々の世情に応じて演出を改訂します。『ロミオ～』については、昨年の段階で、シェークスピアの戯曲が16世紀後半のペスト禍の中で書かれたことに着目して作り直しています。東京公演を延期した後、広島と滋賀で上演した舞台では、くちばし状の仮面をつけた黒衣のキャラクターを跋扈《ばっこ》させて、今のコロナ禍と重なる感染症の不安から人々の心が荒《すさ》んださまを暗示しました。

そして、今年は、ロシアのウクライナ侵攻の脅威が世界を覆う中での上演。これまでの『ロミオ〜』と見え方が違いました。それは、手直ししたり、表現を強めたりした部分や、今だからこそ心に響く場面があったからです。また、出演者の気持ちが違ったことも影響しているでしょう。「命をかけないと。挑んで挑んで挑んでもまだ足りない。命がけの練習を積み重ねたら何かが見えるかもしれません」と、公演前に森下さんが語っていましたが、その決意をバレエ団全員が共有していました。そのせいか、様々な場面からすさまじい熱気と思いが伝わってきました。

平和の祈り　戦いに駆り立てる構図

例えば、第2幕のカーニバルの場面。躍動的な音楽に乗って、対立するモンタギュー家とキャピュレット家の人々や市民たちが旋回したり、跳躍したりと踊り狂います。そう、音楽を聞いて心を合わせれば争いはなくなるのです。平和な日々が戻ってほしいという願いが伝わってきました。ただ、楽しい時はつかの間。音楽が鳴りやむと、ロミオの親友マキューシオとジュリエットのいとこのティボルトは我に返って、剣を取って戦い始めます。

それに続く、やり取りには考えさせられました。両家の人々がいきり立つ中、剣を交わすマキューシオとティボルトをロミオは2度制止しますが、思いは届かずマキューシオは刺殺されます。そして、彼の遺体を運ぶ列にロミオが駆け寄ると、「この裏切りものが」と言わんばかりにはねのけられる。すると、ロミオはやむなく剣を取ってティボルトと戦い、その命を奪ってしまうのです。

この場面で清水さんは、戦争がひとたび始まると止められなくなる構図を見せつけました。平和を愛するロミオですら、友の死を目の当たりにすると敵に剣を向けてしまう。冷静さを失った集団の中で戦わない者は責められ、恨みは連鎖するのです。

衝撃のラスト　一瞬の遅れが悲劇に

そして、ラスト、ロミオの亡きがらを前にジュリエットが自害する場面は、大胆に演出を変えました。彼女が胸に短剣を突き立てた瞬間、ロレンス修道士を先頭に両家の人々が駆け寄りますが、ギリギリで間に合いません。すると、争っていた彼らが自分たちの罪に気付いて悲嘆にくれ、それぞれの手を取り合うのです。ほのかな希望が感じられるものの、一瞬の遅れを強調したことで深刻な問いを突きつけます。対応が少しでも遅れたら取り返しのつかない事態になってしまうのでは――。ウクライナ侵攻の犠牲が止めどなく広がる今、切実に感じられました。

奇跡のみずみずしさ力強さ

共演者がこれほどのエネルギーを発する中、森下さんが中心で踊り続けるのはどれほど大変なことでしょう。しかしながら、舞台上の彼女は、驚くほどしなやかでみずみずしかった。自分の部屋で乳母と戯れる場面では、伸び伸びと跳ね回り純粋な心を持っていることを印象づけました。舞踏会の場面では、婚約を望むパリス伯爵に手を取られると体をこわばらせますが、ロミオと出会うや時間が止まったのかと見まがうほど強く見つめ合います。そして、バルコニーの場面。庭に迷い込んできたロミオを見つけると、「ハッ」という声が客席にも聞こえたので驚きました。胸にためた思いが抑えられなかったのでしょう。その後は、流れるような動きで、ロミオの胸に飛び込んだり、高々と担ぎ上げられて美しいポーズを取ったり。愛し合う喜びをほとばしらせました。

最も感動的だったのは、ロミオが去った後、寝室で踊るソロです。全身に悲しみをたたえながらも、足取りは力強くて、愛を貫こうとする決意が感じられました。そして、仮死状態になる秘薬を飲む決意をしてからのたたずまいの凛々《りり》しい

『ロミオとジュリエット』より、ジュリエット役の森下さん（©エー・アイ。飯島直人さん撮影）

こと。ひざまずいて天を仰ぐ姿は、人々を分断する戦争がなくなるようにと、心の底から祈っているようでした。

そぎ落としと気迫

２０１６年の舞踊歴65周年記念公演の際の公演評で、私は森下さんについて「円熟という言葉が似合わない。（中略）若返った出演者の情熱を浴び、みずみずしく踊った」と書きました。その印象は、今回も変わっていません。そんな奇跡を実現したのは、毎日真剣に稽古をして様々なことをそぎ落としたから。彼女の身体は、無駄な筋肉も表現も動きも一切なく実に軽やかです。そこに「命がけ」というほど強い気迫を込めて踊ったのです。その上、共演者たちが素晴らしかった。ロミオ役の大谷真郷さん、乳母役の斎藤星《せい》さん、パリス役の冨川祐樹さんら組んで踊る相手が、いずれも的確なリアクションをして森下さんの魅力を引き出していたのです。

この関係性がある限り、舞踊歴75周年公演でも同様な感動が得られることでしょう。今から４年後、あながち夢ではないような気がするのです。

（２０２２年5月12日「読売新聞オンライン」にて配信）

『ジゼルとアルブレヒト』――無償の愛　分断の世に一石

2023年5月14日、上野・東京文化会館

純粋な心を映し出す清らかな軌跡。肉体を失っても消えない強い愛情。青年貴族アルブレヒトを死後も愛し抜く村娘ジゼルは、プリマの森下洋子の当たり役で国内外で上演を重ねてきた。

バレエ団の宝とも言える名作『ジゼル』を、総代表の清水哲太郎が大胆に作り直した。アルブレヒトら登場人物のキャラクターを掘り下げ、分断の進む世界に一石を投じる純愛物語に仕上げたのだ。

第1幕はドイツの農村。ジゼル（森下）は身分を隠した貴族アルブレヒト（大谷真郷）と愛し合うが、彼の正体や婚約者の存在を知った衝撃で死んでしまう。

まず目を引く改訂は、美しいヴァイオリンの音が印象的な愛あふれるパ・ド・ドゥの追加だ。相思相愛を強調することで、正体が暴かれる幕切れの悲劇性が際

立つ。その場面も変わっていた。ジゼルと婚約者が出くわすと、アルブレヒトはひざまずいて剣を置く。貴族の身分を捨ててもジゼルと添い遂げる決意を示したのだ。しかし、その分、ジゼルが絶望して死ぬほどの階級差が見えにくくなったのが惜しい。

第2幕は森の奥の墓地。彼は精霊になったジゼルと再会するが、生前の行いを裁く精霊の女王ミルタに踊り続ける苦行を命じられる。

ここでは幻想味が増した。精霊たちは丸く膨らんだスカートを着て浮遊しているよう。そびえる白い森のセットからは冷気が感じられた。その上でアルブレヒトの活躍を追加した。ジゼルのソロを優しく支えて清らかな軌跡を際立たせたり、通常の上演版より多く苦しげなソロを踊ったり。若き大谷の奮闘が舞台を温めた。

森下の端正なポーズや動き一つ一つに愛が感じられる繊細な踊りは健在。脇役陣も盛り上げた。人間の醜さを代表する役ゆえ、不格好に踊り続けた恋敵ヒラリオン役の垰田《たおだ》慎太郎、鋭く力強い動きで冷徹さを出したミルタ役の石津紫帆と、出演者は誰もが、森下と大谷が紡ぐ愛を際立たせる役割を全力で果たしていた。

清水の祈りが感じ取れたのはラストの改訂だ。貴族と村人は共にアルブレヒトを捜し当て、彼は非業の死を遂げたヒラリオンを悼む。一方でミルタは女王の座

『ジゼルとアルブレヒト』より、ジゼル役の森下さんとアルブレヒト役の大谷真郷さん（小川知子さん撮影）

をジゼルに譲る。ジゼルとアルブレヒトの無償の愛が、階級差や頑迷な心を解かしたのだ。愛と勇気が世界を変えるかもしれない。バレエ団が総力を注いだ舞台が希望を感じさせてくれた。

（2023年6月6日『読売新聞』掲載）

第三部　私とバレエ

2022年10月14日、祐成秀樹記者によるインタビュー。
［清水］は清水哲太郎さんの発言です。

バレエとは何でしょう？

――いきなり根源的な質問をさせてくださぃ。森下さんにとってバレエとは何でしょう。

私が生きていること自体が、バレエなのかなと思います。バレエは私、森下洋子を無心にしてくれるものです。私＝バレエ、自分のすべてがバレエなんです。そこにかけるというよりも、もう当たり前。呼吸をしているくらいに自然に思えます。また、「私」から離れたら……バレエはたくさんの人々と価値を分かち合うこと。そして、バレエは人間精神の輝きを描き出せる素晴らしいもの。バレエの神様が私をバレエに出会わせてくれたことに、本当に感謝しています。

――もはや舞踊の一ジャンルではないと。

バレエにはベースがあって、原理原則に基づいた基本練習で成り立っています。そこから、振付の先生方から言われたことを、考えずに、まずやってみる。実践が最も大切で、尊いこと。自分のすべてをその瞬間にかけ、前向きに、毎日毎日新鮮に、少しずつ積み重ねていくことで、少しずつできるようになっていく。そしてバレエはお客様に見て、感じていただくもの。舞台を通じて夢や希望、勇気をお届けし、心や体、人生に働きかけ、発奮、奮起していただくきっかけになるよう、ただただ日々稽古、心と身体を研ぎ澄ましていきます。バレエには終わり、完成がなく、無限です。まだまだ新しい音が聞こえてきて、新たな発見がある、そこがバレエの素晴らしさだと思っています。

――無限に新たな発見がある。お一人ではとてもできないでしょう。

振り返ると、私の人生には、素晴らしい先生方との出会いがたくさんありました。先生方は「やってみなさい」と言ってくださる。すると、「こうかな、ああかな」って考える時間はありません。まずやってみる。理屈ぬきに、一瞬一瞬にすべてを出し尽くす。昔、松山樹子先生から「洋子ちゃん、飛ぶ鳥はね、足跡残ってる？」と聞かれました。若い頃は先生が一体何をおっしゃっているのか、全く見当もつきませんでした。しかし今、「どど！」と、この意味が恐ろしいほど私の心に入ってきて、身体を赤らめます。「自分を消し去るのですよ！」ということを教えてくださったのだと思います。あとに何も残さない、これが芸術そのもの。バレエは、頭で考えてやるものではないですね。

――いちいち考えずに無心で踊ってこられたのですね。

今はネットで調べればすぐ世界中のことがわかりますが、そうでない時代に、いろいろな先生方がコツコツ自分で研究しながらやってこられて、日本のバレエの土台を作られた。そんな先生たちから直に教えていただけたから、今踊ることができているのだと思います。

［清水］そういう先生たちが見せてくださったものを、あなたは受け継いでいる。子供の頃から「バレエとは頭で考えるものじゃない」「消しなさい。それだと踊りが見えなくなる」「洋子ちゃん、頭で考えてない？」と指導をされてきている。それを体全部で受け止めていた。最高のあり方が身体に入っているんですよ。

――芸術の分野では「真・善・美」の三つが要諦とされていますが、人間の真善美を表現できるのが、バレエですね。

本当にそう思います。「真・善」「真・善」とひたすらにバレエに命を預け、捧げ、地道な実行を営々と重ね、心を練り上げていくと、「美」が生まれてくる。松山先生はレッスンの時、黙々とやっていらした。あまり厳しくはおっしゃらないんですけれど、延々とそういうことをやる。自分の中から出てくるもの、魂をきちっと表現してね。やっぱり魂を磨くというのが大切なことだと教わりました。

それから数十年もたって、その「魂を磨く」という言葉に、稲盛和夫先生のご本、『生き方』で再会した。「人間は生まれて死ぬまでに何をするか。魂をどれだけ磨いていけるか」と。その通りだと思いました。なかなか実行できないですが、少しずつやっていければと思っています。

――魂を磨き抜くまで、森下さんの道は続くのですね。

終わりがありませんね。毎日、レッスンでみんなと一緒にバレエをやっていられることへの感謝があります。ただただひたむきに、目の前の自分のなすべき「お仕事」に手形がつくぐらい打ち込み、精魂込めて働き尽くす。それがこの世に人類の一員として生んでいただいた人の使命。すごくありがたいと思う。そういうごく当たり前のことを積み重ねて、1年365日地球が回って1年が過ぎていく。ものすごく幸せな人生を歩ませてもらっているなと思うんですよ。

「三大バレエ」は選べない

――森下さんにとって「三大バレエ」って何でしょう?

三つなんてとても選べない。全部です。踊っているもの全部が本当に愛おしいし、素晴らしいと思う。それらを自分が表現できるっていうことはすごく幸せだし……。特別にこれが好きとか、あれが好きとかはありませんね。

――確かにその通りで、三つを選ぶのは難しいですね。強いて言えば森下さんには「五大バレエ」がある。今なお踊り続けている『ジゼル』、『くるみ割り人形』、『ロミオとジュリエット』、新『白鳥の湖』、『シンデレラ』。しかし、この五つに限らず、あらゆる作品を愛して、すべてを捧げてこられたのですね。

古典バレエのタイトルロールは、人のことを大切に思い、愛する気持ちがあって、芯が強くて明るい。人間の典型と言えるくらい人としての大きさがあります。そういうものを出せるように、日々稽古あるのみです。自分を全部捨てて、まず作品に、役に入り、その輝きだけが見えるようにそぎ落としていく。一息一息を無駄にしないように。一瞬一瞬に命をかけてやっていく。そのキラキラした輝きを見たお客様が喜んでくださる。それができることが一番うれしいです。一期一会ですから、すべてをかけて、自分というものを捨てないと。

――古典を踊る時は大変ですね。長年踊り継がれた型に、年々変わっていくご自身の肉体を合わせないといけないので。

「古典」と呼ばれるように脈々と続いているものですから。自分の考えやエゴによって、「こうしたい、ああしたい」って変えられるものではない。だからこそ、今の世まで残っているのだと思います。踊り手にとって、立ち向かえるものがあるということほど、幸せなことはないですよ。ありがたいと思う。

プリマの条件

――プリマ・バレリーナでい続けるために常日頃心がけていることは。

自分を捨てる、自己犠牲を惜しまないことだと思います。そして仲間と価値観・人生観・考え方を共に分かち合えるかですね。「自分が、自分が」となるのではなく、まず自分を捨てて、すべてを受け入れる心と身体でいる。私がこうしたいみたいなものをすべて捨てて、なんでもすべて「はい！」って聞くことを心がけています。努力を惜しまず、果てしのないバレリーナのなすべき実践に立ち向かう決意を毎瞬重ねる人をプリマと言うんじゃないかな。

――自分を捨てて、振り付けや音楽にすべてを捧げるのですね。

もうすべてに対してです。舞台に出ている人間、オーケストラ、それからスタッフ……。何百人の先頭に立って、引っ張っていく。会社だったら「社長」のような立場ですよね。だからやっぱり、「自分自身を全部捨ててもこうやっていく」という強さがないと。

勇気を持って前に進んでいくことが大切かなと思います。うち（松山バレエ団）の新『白鳥の湖』のオデットのように、どんな困難があってもひるまない。どんなことにも立ち向かっていく強さと勇気を持っている。多くの人の幸せのために、自己を投げ出すことができる、そういうところが、プリマとして必要なことだと思います。

——真ん中で踊ること、そして、長く踊り続けることについて、マーゴさん、ヌレエフさんから学んだことは。

おかげさまで、本当に長い間、踊らせていただいて、マーゴ（・フォンテイン）とルドルフ（・ヌレエフ）も今生きていたら、すごく喜んでくれると思う。ヌレエフは「ヨーコ、たくさん踊らなきゃダメだ」っていつも言っていたし、マーゴも、どんなことがあっても踊り続けていた。ヌレエフは、周りのみんなが「もう彼は『白鳥の湖』の全幕は最後だね、きっと」と噂していても、彼本人は「最後じゃないよ、まだ踊るよ」と言っていた。

マーゴとは一緒に『スターズ・オブ・ワールド・バレエ』のツアーでオーストラリアに行きましたけれど、その6週間、レッスンを1回も休んだことがない。「私がカンパニーを背負って立っているんだ」っていう気概がすごいんです。みんなに「元気？ 大丈夫？」って声をかけてくれて。私たちが途中でへばっているのに、マーゴはどんどん良くなっていく。立ち向かう精神がすごいですよね。普段から誠実に自反をくりかえしているから、マーゴは人間的にものすごく大きく、あたたかい。その場に立ち会えたことに感謝です。その翌年、彼女は完全に引退してしまいました。

2人とも、この世と人間とバレエを深く愛しているんですよね。踊りに対する思いの強さ、ひたむきさがすごい。表面的な綺麗なところじゃなくて、バレエが人間にとって、どれほど素晴らしいか、自分はこれをずっと続けていくんだという強い信念と勇気を持って愛し抜きました。

――つまるところ、「バレエ愛」なのですね。

舞踊生活70周年を迎えさせていただいたことの「まとめ」みたいになってしまいますけれど……たくさんの人たちの愛情やまなざしや努力、そういうものをたくさんいただいて、70年やってこれていると思うんです。一人では絶対にできない。支えるだけではなく、深く愛情を注いでくださったり、様々な困難の時も、私が負けないよう、心を磨いていけるようにといろいろ心配りをしてくださっています。だから私自身はあんまり苦しんだことがないんです。私がバレエを続けられるように、皆さんが心を砕いてくださる。周りの方からいただいた愛情に、本当に感謝しています。

――「華がある」という言葉でも、森下さんは語られてきました。

一瞬一瞬を無心で、自分をなくしてパッと表現することが、やっぱり華になっていくと思うんです。自分があってはいけない。一呼吸一呼吸に命をかけて、ワッと出す。その後はもう引きずらない。そのようなことをやっていくと、舞台に出ていった時にパッと見える、それが華になるのかなと思います。思えば、メトロポリタン歌劇場で見たマーゴ・フォンテインの、一瞬すべてが飛び散るような、閃光が当たったかのような真実の人間の輝きからは、マーゴの侍のような潔さを強く感じました。松山樹子先生の『白毛女』の存在感もそう。華って、その人の生き方、考え方、死に切る力、そのものなのかなと思います。

私はまだまだだと思うので、お客様に幸せを感じていただけるように日々稽古です。

――「12歳のプリマ」時代は若々しさゆえの「時分の花」でした。いまなお咲き続けられている理由は。

種をまいて、水をやって、雑草を抜いて、それをまた肥やしにして……そういう作業をしてくださる方が周りにたくさんいたからこそ、今も舞台に出ていられるのだと思います。

――若者の意見にも謙虚に耳を傾けられていますね。

自分ではわからないので、人から言ってもらえるのは本当にありがたい。何でもすぐにレスポンスして、ワッとやろうと思うんです。たとえすごい下級生の、20歳ぐらいの生徒から「洋子先生、こうなっていました」と教えてもらえたら、それもとてもうれしい。「ああ、そうなの？　ありがとう」って。周りで言ってくれる人がいることが幸せですよね。

――絵画展に出かけるとか、路傍の花を見つめるとか、普段から感性を豊かにするよう心がけていますか。

わざわざ絵を見に行くことは少ないのですが、何かを見て「これだ！」「あ、綺麗だな」とか「あ、素敵だな」とか「あ、これいいな」と感じる心を大切にしています。たとえば、若い子が踊っている時は「あ、ここいいな」と思って見る。悪いところはあえて見ない。花にしても、たとえば家にある花の葉が急に伸びてきたんですけど、すごいな、たくましいなと感じながら、でも根っこが伸びて窮屈になっているからプランターを替えてあげなきゃ可哀そうかな、なんて思いながら見たりしています。

――心を開いて華を見つけようとされているのですね。お好きな音楽は。

特別に何が好きということはないんですよ。ただ、美しい曲が聞きたいという思いは強くありますね。私たちの場合、どうしても音楽は表現から切り離せないものだから。

プレッシャーを感じること

――パリ・オペラ座、メトロポリタン歌劇場、中国の人民大会堂など世界の大舞台で踊ってきた森下さん。果たして、プレッシャーを感じたことってあったのでしょうか。

自分自身、あまりプレッシャーというものを感じなくて……。やっていくという事実のほうが大切だなと思うから。ただ、見にきてくださったお客様に、本当に幸せを届けられているかなとか、多くの人が平和であってほしいとか、そういうことが実現できているかを考えるのはプレッシャーになるかもしれません。

今ウクライナで戦争が起きている中で、市民の方たちや子供たちが亡くなったりしています……。普通の生活が壊されてしまったら、バレエどころではなくなりますよね。そんな世界情勢の中でお届けする私達の舞台は、平和への一助となるものでありたい、と強く思います。舞台に立つと、「皆さんにあたたかい愛や勇気を感じていただけるかな」と想像することも、ある意味ではプレッシャーになるかもしれません。松山バレエ団は、平和の美をお届けしたい、少しでも美しい未来を拓く力になれたら、という気持ちが特に強いですし、それを大切にしていますから。

――舞台で踊ること自体のプレッシャーはないというのは素晴らしいです。それは、十分稽古を重ねてきたという経験値を信頼できるからでは。そして、同時に周囲で踊っている人たちへの信頼があるのでしょう。

毎日真剣に、稽古を黙々とやっていても、完成はない。ただひたすらにやっていくっていうことは絶対に必要で、その結果、プレッシャーがなくなるのかもしれません。今までやってきたことをすべて潔くさらけ出す、一瞬一瞬大切にして、自分のすべてを出し尽くそうと、そこに近づけるように日々稽古をしています。

――やればやるほどプレッシャーが小さくなる。稽古はプレッシャーをなくすためのものなのですね。

そうかもしれません。プレッシャーを感じないよう、逆算して毎日毎日稽古しています。

理想のパートナー

――理想のパートナー像について教えてください。

ベクトルが合う人です。それからやっぱり、共感できる、共鳴できる人。苦心とか、事柄とかを分かち合うことができる人だったら、贅沢ですけど最高ですね。あと、音楽性が一緒じゃなかったら、ちょっと困るかな。清水さんはどう思います?

［清水］ 2人の考え方と音楽性、表現しようとすることが合っているかどうか。海外では多少違っていたほうがかえって面白いと受け取る人が多いけど、あなたの場合は違うでしょう。考え方まで、ある程度合っていないと、一緒に踊ると気持ち悪いでしょう。

気持ち悪いというか、耐えられないと思います。

――実は、パ・ド・ドゥに臨む森下さんと清水さんの握り合う手にいつも感動していたんですよ。今、地震が起きても絶対離さないのでは思うほど固く見えた。これほどの信頼感のあるパートナーをほかに挙げるとすれば、やはりヌレエフさんですか？

ヌレエフはすごかったですね。足に根が生えたような感じで。彼は私のことをとても気に入ってくれて、ものすごく大切に丁寧に踊ってくれました。パートナーは、力があるだけではダメだと思うんです。音楽性も、女性の動きも、踊りの流れも、何もかも「ここでこうなるべきだ」って全部わかっていないと。清水さんもそうですけれど、女性のまねをすると、ほかのみんなより断然綺麗ですものね。

［清水］本当は、男性が女性の動きもちゃんとできなきゃいけない。逆に、女性も男性の動きが全部わかるようにする。お互いの動きを踊れるようになっていたら、オーケー。

全部わかった上で、舞台に出る時は森下みたいにもう全部忘れて主役になって。もう自分が誰かわからないという無我の境地になって、新鮮に内面が出る。やり尽くして、またそこで新鮮な自分が踊るという。こういうことを彼女はやりますからね。だから、相手役の男性もそうせざるをえないんです。

——ただ、そこまで没入すると周りが見えなくなって危ないのでは。

［清水］その通り（笑）。

——パ・ド・ドゥをする男女の心が通い合ってないように見えることもありますね。男性の自己顕示欲が強かったりして。

［清水］まず男性は自分を無視しないと。呼吸も血の流れも全部、女性に合わせないと。できるできないじゃなくて、もう「そういうこと」なんです。そうすれば女性が男性をちゃんと慕って合わせてくれる。同等の位置にいるんじゃなくて、パ・ド・ドゥではやはり男性は女性の後ろにいるべきなんです。

——パートナリングについてどう思いますか？

パートナーと価値観や、人生観、世界観が同じようなベクトルを目指していると、とても素晴らしいです。そうなるまでとことん話し合い、訂正し合い、変化し合い、合わせていくということが絶対条件です。

——パートナーへの愛情も重要ですよね。

一緒に踊る中で相手役として情愛をお届けするのは当然のこと。パートナーの本質を大切にしていきたい。

［清水］要は場数ですね。森下は、人生が全部舞台だと思っているからね。その中に本番があるみたいなもの。パートナーもそれぐらい場数を踏んでくれれば（笑）。

私の人生は全部が舞台ですから。一呼吸一呼吸でさえも。その延長にリアルな舞台の本番があるというだけで。

演出家とは？　振付家とは？

――バレエにおける演出家は、絶対的な存在ですか。

ええ、絶対的な存在です。演出家がいなかったら、すべてが生まれないんだもの。

――言うことすべてに耳を傾ける。

耳を傾けるというよりも、演出家が求めることに答えられるように、自分を作っておかなきゃいけないと常に思っています。演出家がいなかったら何もできないし、形が出てこないのだから。演出家って、本当にすごいと思う。

――では、清水さんが演出される場合、注文にすべて答えないといけないのですね。

[清水]　すみません。

いや、素晴らしいです。それに挑める自分がいるというのは、すごく幸せ。もう、常に新しいの。毎日。

――それがすごいんですよ、何十年も演出されているのに、まだまだ注文が出せる。

[清水]　森下がそういう風に挑戦しない人だったら、もう大ゲンカですね。この人は放っておいても、自分で新しい課題を見つけるから。

――続いて、振り付けとは何でしょう。森下さんがプティパやバランシンについてどういう印象を持たれているかに興味があります。

今、クラシックバレエと呼ばれているものは、ほとんどが19世紀のもの、プティパがその代表で、現在のクラシックバレエの源だと思います。バランシンは、19世紀のクラシックバレエを20世紀につなげた大功労者ではないでしょうか。バランシンは、鋭い音楽的感性と踊り、動きに関する緻密な、清冽な感性をずば抜けて持っておられた。バランシン作品を踊ると非常に、全身の細胞が自然と音楽の上で料理されるような感覚になります。プティパとバランシン両大家の作品を踊り続けられることを、とても幸せに思っています。

――特にプティパバレエとはお付き合いが深い。

若い頃から踊っているのに、今なお深めていける。踊らせていただくと新しい発見が毎回あります。『白鳥の湖』第2幕のグラン・アダージオは、チャイコフスキーの涙が出そうなほど美しい音楽に振り付けがぴったりと合っていますよね。でも若い頃はそのことが全然感じられなかった。素晴らしい旋律だと思うようになったのは、この数年のことです。

[清水]うそだあ。僕が言うのも変だけれど、客席から見るとすごくかわいかったし、輝いていたよ(笑)。

――動きは全部振付家が作ってくれる。それがなかったらバレエって作品が成立しないですよね。もちろん演出家も同じです。清水さん、振付家としてはどう思われますか？

［清水］動きと振り付けは全然違う。動きっていうのは、たとえばの話、森下がこの世、広島に生まれたこと。それは「動き」。そして、3歳からクラシックバレエを始めました。そこからは「振り付け」になるんです。この人は断然、自分を追い込んでいくうれしさがあるから難しい振り付けもこなす。それがもう体に染み込んでいる。森下は「私は振りつけがないと踊れない」って言っているんですよね。嘘八百でしょう。

え、本当にできない（笑）。

［清水］自分で振り付けをしたように自然に踊っちゃうんですよ。全くしょうがないですね。私はこの人に本当に振り付けしたのだかわからなくなることがあります（笑）。

——清水さんは演出と振り付けの両方をされますね。

［清水］振付家は、演出も役の感情も全部体の中に入れてから振り付けを創ります。それをアーティストが小学生みたいにそのままやってしまっては、お話になりません。その点、森下は、振り付けられても、自分のものにしてしまうんですね。先ほどしおらしいこと言ってたじゃないですか、「古典バレエの振りは自分なりに変えることなんかできない」とか。あれはウソっぱちです。

——ミステリアスなものを感じますね。森下さんを振り付けると、奇跡が起きるのでしょうか。内に秘めたものと感応して、そもそもあった振り付けが全く違う魅力を放つとか。言い方を変えれば、清水さんの振り付けは仏師が仏像を彫るようなものでは。仏師は木に宿った仏を彫り出そうとしますが、同様に清水さんは森下さんから「真・善・美」を彫り出そうとしている。

［清水］それは私だけではないですよ。この人の中に神様、仏様がいて、それを森下が毎日削って、引き出そうとしている。それに対して先生方から注意がくるんです、「その引き出し方だったら出てこないわよ」とかね。引き出すためには毎日レッスンでやらないと、技量が落ちます。毎日きちんとレッスンをするためにしっかりケアをする。だから、レジャーをするとか買い物に行くとかは、ご法度中のご法度。

まずバレエ以外のことに気が向かないし、しようとも思わないの。昔、松山先生が、宇宙を自分の身体と思って、宇宙を自分の心と思ってやるのよ、そうするとすべてが一つに調和していきます、とおっしゃっていました。その時、若かったから何がどうしてそうなるのか、よくわからなかったけれど、今、非常によくわかります。その対象と「一つ」になることの偉大さですね。

——レッスンとは肉体的な訓練を積み上げていくものというイメージがありますが、それだけではないのですね。究極は、内に秘めたものが湧き出すように導くことにある。

［清水］白人社会では、そういった考え方をあまりしませんね。積み上げていくものという考えがもともとある。人間の中にある神や仏など形のないものに頼らない。現実的で、むしろ肉体の美しさを強く打ち出しますよね。

――メソッドを重視しますよね。内面よりも型。

［清水］そうしないと試験で落とされますから。でも、やっぱり異議を唱えなくちゃいけない。世界中のメソッドで優れたものがあるのなら、ちゃんと勉強した上で、やっぱり人間の中には素晴らしいものが誰だってあると柔軟に考えてほしい。そうしたことを経れば、クラシックバレエそのものの感動が増して、今以上に全世界に普及していくと思います。

衣装は身体そのもの

――舞台衣装についての考え方を教えてください。

衣装は自分の身体そのもの。身体を自由にコントロールできるように、バレリーナはポアントシューズをミリ単位で運んでいます。まとう衣装もそれと一つになって歩を進めてくれるととてもありがたい。無心で動きに寄り添ってくれるような衣装だと、非常にうれしいですね。

――身体と衣装は一体なのですね。

生まれた身体そのものも、天が与えてくださった衣装。そこに、いろいろな方たちから素晴らしいサジェスチョンをいただくことで、次から次へと変化していく。そのことを長年繰り返してきたのですから、何万着もの衣装を着させてもらってきたとも言えるかもしれません。

――その上で、役に合わせた舞台衣装を着ると心境に変化は起こるものですか。

新『白鳥の湖』でオデットを踊る時は、自分のことをオデットだと思って舞台に上がります。だから、ある衣装を着たから特別な気分になることはないんですよ。やはり、すべての衣装が、全部自分の体に染み込んでいると思います。

――森下さんの衣装は、森下さんの思考が形になっているのですね。

そうです。何十年も同じものを使うこともあります。ジュリエットの衣装は40年変えていません。もちろんチュールを少し足すとか修繕はしますよ。私の身体の一部で呼吸しているもので、年月を共にすると共に衣装にも深い味わいが出てくる。きれいなものをきれいに身につけているから良いという感覚はありませんね。また『白毛女』のように、特別な思い出のある衣装もあります。

――中国の周恩来総理から賜られた衣装ですね。

そうです。衣装だけではなく、かつらや小道具などすべて周恩来総理がプレゼントしてくださいました。今も大切に使わせていただいています。贈ってくださった方や作ってくださった方が込めてくださった思いの強さから、勇気や希望をいただくこともたくさんあります。自分自身が体に染み込ませている衣装に新たな生命が生まれる、ということはあるのだと思います。

トウシューズが拓く世界

――子供の頃、トウシューズで踊ることに憧れましたか。

実は、それほど強く憧れていませんでした。小学校1年生の時に初めて履いたのですが、今みたいにピンクのサテンで作られたきれいな靴じゃないんですよ。ゴワゴワした木綿で作られたものでしたから。ただ、爪先で立って踊ると「人間ってすごいな」と思いました。

[清水] でもうれしかったことはうれしかったでしょう。

うれしかったです。今の子供と感覚は違いますが。

[清水] 今、あなたが「憧れなかった」と言うのが不思議でしょうがない。こうやって「きゅっと立つ」ことが愛おしくなかったの？

そんなに。爪先で立つという概念は、知らない間に体に入っていたって感じなんですよ。

［清水］知らないうちに立てた？　あなたは神か（笑）。今は小学校1年生には履かせないですね。3年生まではまだ筋肉が弱いから、4年生ぐらいから。

今は絶対履かせないです。周りの筋肉や骨ができて、身体を引っ張りあげられないと危ないのです。ですが、当時は履かせてもらえました。

――長年履き続けたことで、素晴らしい世界が拓かれたのですね。

夢とか希望とか、すべて人間の素晴らしいことに対する思いが全部、たったこのぐらいの小さな靴の中に詰まっている。すごいと思いません？　あそこにすべてが……人間がこうなりたい、ああなりたいというロマンとか、そういうものすべてが凝縮されている。私たちは毎日訓練して、使いこなしていかなきゃいけません。女性のトウシューズは、今、現在と未来に進んでいる人間の一瞬そのものを表現しています。

――トウシューズによって、私たち観客は様々な奇跡を見られます。人間が白鳥になる瞬間とか、空気の精が軽やかに舞う姿とか。踊っていて奇跡を感じられる瞬間はありますか。

回転する時に感じました。普段なら絶対できないことが、トウシューズを履くとできる。この惑星、地球の中にいるのではなくて、まるで宇宙にいるみたいな気分になる。いつか、月でトウシューズを履く人も出てくるんじゃないかという気もしました。

――トウシューズは消耗が激しいですよね。何日ごとに交換しているのですか。また、踊りのタイプに応じてタイプの違うものを用意されるのでしょうか。

たとえば、『くるみ割り人形』のために20足以上は用意していると思います。そこから、第1幕ではこれ履こうかなとか、第2幕ではこれ、グラン・パ・ド・ドゥはこれにしようとか、踊りの種類によって決めています。白鳥と黒鳥で靴を替えるなど。だから、1足で一つの作品ということはないんです。

――どんな点を変えているのですか。

柔らかさとか、硬さですね。

――森下さんのトウシューズは特注品なんですか?

はい、頼んで作っていただいています。イギリスのもの。足型を取りにきて、左右で違うものを作ってくださる。職人さんの丁寧な手仕事です。

［清水］女性陣は本当にすごいです。踊りに合う靴を用意しておいて、袖に戻ってきたらパッと履き替えて、出ていくんです。たとえばワルツを5分ぐらい踊って、次に違う踊りがあった場合、いったん引っ込んで次のポワントに替えて、舞台に登場する。それでまた袖に入って、フィナーレのためにポワントを替える。そんなきめ細かい計算をしながらやっています。

『くるみ割り人形』の場合は、グラン・パ・ド・ドゥが終わったらすぐ履き替えて、今度は「別れのパ・ド・ドゥ」用の靴を履く。みんながコーダ（楽曲の終わりの部分）をやっている間にまた履き替えて。それが終わって、最後に出ていく時もわずかな時間しかないけれど、また履き替える。

［清水］数十秒でやらないといけないから、なかなか大変です。

そうですね。グラン・パ・ド・ドゥが終わった後は、衣装とか頭飾りとか、数人がかりで替えてくださるのですが、トウシューズだけは自分で履き替えます。

――古くなったトウシューズはどうされていますか。

本当に一足一足が貴重で、先生方がやっと手に入れられていた時代を知っています。今は完全に履きつぶすわけではありませんから、何かの時履けると思うので取ってあります。

［清水］あなたがポワントにサインして人に差し上げることはあるよね。

――マーゴさんからトウシューズをいただいたことはありますか？

いただきました。オーストラリアツアーの時に、「洋子」って名前を書いていただいて。字が薄くなっているけれど、今も大切にしています。

――ウラーノワ先生からも？

現役を引退された後だったので、いただけなかったですね。マーゴは、毎日一緒に踊って、新しい靴を履き替えたりしていらしたから。ツアーで一緒だった女性陣はみんな名前を書いていていただいたのでは。宝物です。

稽古場ですべてが始まる

――バレリーナにとって、鏡というのはどういう存在なのでしょうか。

鏡自体には命もないし、何もないけれど、自分の一番いいところも悪いところも、全部あからさまにしてくれるところがいいと思うんです。鏡を見て、「あ、ここおかしいな」って気付かないといけないんじゃないかな、と。「あ、ここ、ちょっとこうかな」って自分自身を客観的に見られないとダメなのかなと思います。鏡は本当に真っ正直です。汚いものも正直に映してくれ、なくなれば後には何の痕跡も残さず、きれいさっぱり消してくれます。鏡はお客様と同じで、真っ正直に芸術家にレスポンスしてくれる。良い姿とおかしな姿がめぐることとで進歩させていただいています。

――鏡は偽りのない姿を映し出すもの。鏡の前では緊張しますか。

緊張というか……できていない部分をあからさまにしてもらえるのだからありがたい。もちろん先生も振付家も同じようにしてくれますけど、鏡はとても素直に、ぱっと現実を見せてくれる。鏡があることで救われる部分、勉強させていただける部分があります。

［清水］森下は3歳からずっと鏡と対峙してきたわけですからね。鏡は、この人に厳しさや自分を甘やかさないという一番大切なことを教えてくれた。森下は鏡に抱かれて育ったようなものだと思います。鏡はどんな汚い格好、どんな綺麗な格好をしてもそのまんま映してくれる。そんな厳しさにおおいに抱かれて、ずっとやってきたんだと思います。

本当に厳しい存在です。稽古場にいるのは、バレエミストレスを始め、みんな私より後輩ですよね、清水さん以外。こちらが聞かないと何も言ってくれない。その点、鏡は「あなたはこうよ」ってはっきり映し出してくれる。嘘つかないし、ヨイショもしてくれない。

——松山バレエ団の鏡張りのスタジオに入ると、私はついついお腹を引っ込めていますね（笑）。あと、バレリーナに欠かせないのはバーレッスンですね。

稽古はバーがないと始まりませんから。バーは宇宙の中心、ムーサ、女神そのもの。ですから、バーを信じることができ、真理に触れられ、本当に幸せです。私はずっと地球のどこに行っても、こういう風になっている（バーレッスンのポーズを取る）じゃない？ バーというものを考えてくれた人はすごいと思う。あそこからしか何も起きないし、始まらない。バーはすべての始まりで、そこから飛躍、前進が始まります。バーレッスンをやらなければ何も始まらない、クラシックバレエは終わりです。ここからバレエの哲学が始まるのだと思います。全身全霊でバーに取り組むことでスタートが切れるのです。

——海外への移動中でも、思わずバーを探してしまうのですね。

飛行機の、乗務員の皆さんが飲み物をサーブしてくださるギャレーの中にちょうどいい把手があるのよね。いつも「すいません」って言って、そこでやらせていただいています。

——鏡とバーがある稽古場はすべてが始まる場所なのですね。

私にとって稽古場は、生きていることの証ですね。宇宙も、地球も、いつでもどんなところでも稽古場にしようと思ったらできます。たとえ飛行機の中であっても、自分で創っていく。実際うち（松山バレエ団）はほとんどすべての空間を稽古場にしています。素晴らしいと思いますよ。大きな稽古場が二つあって、分かれて稽古できますし。

——稽古場に行くと気分が変わりますか？　風邪が嘘のように治ったりとか、痛みを忘れたりとか。

私の場合はないですね。稽古することは、私が生きていることと一緒ですから。稽古場に行ったら、よし稽古しよう、ではない。バレエの中で生きていますから、常にどこでも稽古をしています。どこでも稽古場なのです。

[清水] この人は、感情、感性的に今日は稽古する気分だとか、今日は稽古する気分じゃないとかいう色分けを絶対やらない。40度ぐらいの高熱が出てもう無理だというレベルに

ならないと休みません。

そういう場合は、明日のために家に帰って休もうと思いますけれど。

［清水］病院に行って注射打つとか。もうどっちかですね。だから、ほとんどが稽古です。

稽古は呼吸していることと一緒だから。

［清水］あなたは寝ている時にも稽古しているよね。

休息の捉え方

——どんな時に休息を取るのですか？

若い頃は体のケアが必要な時に取っていました。頭の中はずっと踊りのことばかりなので、お正月もお盆も関係ありません。若い頃はあまりたくさん稽古をするので、松山先生に「もうやめたら」ってよく言われました。

——第一部を読むと、モナコ留学時はすさまじい練習量だったように思えます。寝る時間はありましたか？

ありました。睡眠はきちんととります。この頃はマリカ先生が「稽古場を好きなように使っていい」とおっしゃってくださったので、5時間も6時間も清水さんと稽古をしていました。

［清水］モナコで皆さん、稽古の合間にご飯の時間などで休んでいるんです。でも、我々がそういうスケジュールでやったら、踊りへの愛し方が深まりません。申し訳ございませんけれど、そちら様はどうぞ休んで、こちらは稽古をやらせていただきますという気持ちでした。森下はずっと稽古着で過ごしていましたから、皆さんは目を丸くしておりました。

――今は稽古の後、整体の先生に体のメンテナンスをしていただいていますね。

今はその日の疲れをその日のうちにきちんと取って、次の日にきちんと稽古ができるように整えることをとても大切にしています。

――ある程度、踊りすぎないよう気を付けていらっしゃるのですか。

踊りすぎて体を痛めないように、もう一回やりたいなと思っても、今日はやめておこうってことはたまにあります。でも、とことんやって、やって、やって、毎日それを続けて積み重ねていかないと、やっぱり皆さんにお届けできるいいものは出てこないと思うので。しつこいですよね、すごく。踊りに関してだけは、しつこいんです。踊りを完成させるには時間がかかるって、最初に思っていますから。時間をかけて、何度もやってやって、やって、やっていかないと見えてこないし、出てこない。何しろやっていかなきゃっていうことがインプットされているんです。

[清水]　森下って音楽を最初に聞いた時は自分から何も出てこないんですよね。ところが耳にタコができるほど聞くと、自分の中から自然に、理屈なしで、「こうやるんだ」っていうのが出てくる。アーティストにはみんな、そのようなことがあります。ですから、その時までずっと、じっくりじっくりやるんです。最後には出てくると信じて。怖いですね。

――改めて奇跡的だと思うのは、長い現役生活の中で森下さんは大怪我をされていない。

1回だけ危ないことがありました。71年の文京公会堂の時。踊っている最中にアキレス腱を少し痛めたのです。ピッと音が出たように感じ、そのまま歩いて舞台袖に入りました。半年ぐらい舞台を休みました。大きい怪我といえば、それだけですね。

――体に変に負荷をかけないような踊り方だから、怪我をされないのでは。

自分では本当にわからないです。普段の生活で気を付けていることはいろいろありますけれど……たとえば、風邪をひいても熱を出す前にお医者さんに行って治療してもらうとか。熱が出ると一週間くらいで筋肉も落ちてしまいますし。喉が痛いと思ったらすぐにお医者さんで注射を打ってもらいます。

[清水]　誰よりも早くお医者様。誰よりも早く処方してもらって、怪我や病気の手前で食い止める。そのことは、常にリハーサルができるように、日常という舞台を踏めるようにしているということ。森下は世界一、体の変化に敏感なんじゃないですかね。

積み重ねた時間あってこそ

――森下さんは、時間とはどういうものだと考えられていますか？　人生の時間とか概念的なものもありますし、24時間とか現実的なものもありますが。

すべてがバレエ。私の場合はすべてが踊りであり、作品であり。1分1秒でももったいないから無駄にしたくないと思うんです。ゆっくりしている時でも、やっぱりバレエのことを考えているし。でもそれが、すごく幸せなんですね。心地良く、当たり前な感じで、とても幸せです。本当に。だから時間を無駄にはしたくないと思う。踊りにすべてを注ぎたい。時間は、戻ることができない。一回生起の厳しさです。時間は踊りそのものですね。

――時間は有限だと感じることはありますか？

そうですね。年を重ねていけばいくほど、密度がとても濃くなっていくと思います。うちの『くるみ割り人形』は初演から40年以上経っています。ずっと続けられていることは、時間が与えてくれた素晴らしいプレゼントだと思っています。

――なるほど。積み重ねた時間によって育まれるものがあるわけですね。確かに松山バレエ団の『くるみ割り人形』は長い時間をかけて内容が深化しました。

それから、新しいものへの挑戦ね。いろいろ出てきます。チャイコフスキーの『白鳥の湖』の第2幕のグラン・アダージオの曲には、若い頃なら聞こえていなかったような音があるの。なんて綺麗な旋律なんだろうって、今になって聞こえ始めたものがある。これまではちゃんと聞こえてなかったのかなって気付かされることがある。

——長い時間続けた結果、発見があり、新たなことに挑戦できるのですね。森下さんはこれからも時間を持て余すことがなさそう。

バレエはすぐにはできない。でもコツコツ積み上げていくと、少しずつできるようになる。時間がかかるところが素晴らしさでもあります。熱に浮かされ、神がかりになったように、全身全霊で人生をかけて取り組んで、やっと少しできてくるうれしさ。40代になって身体が変化していく中、捨て身になり、ある意味開き直ることで大胆に踊れるようにもなりました。できなくなることもあるけれど、新しいものも身についていく。だったら自分にできることをやろうと。まだまだたくさんのことを学んでいきたい。時間はかかるけど、少しずつやっていくことが私の人生だと思うし、とても幸せでありがたいことだと思います。この年齢まで続けられていること自体が幸せ。ありえないもの、普通だったら。

——こうなったらいつまでも続けると。

いつまでかは、わからないですね。まずは明日のこと。

［清水］人生はすべて踊り、喜び、挑戦。今ある時間は、すべてあなたの時間なんだよね。ですから時間のある限り、踊り、踊り続けてください。

はい。焦らないで少しずつやっていきます。

［清水］面白いです、この人ね。こういうことが森下の時間なんです。理屈がない。

うん、理屈はないし、頭で考えない。身体をまず動かす。

［清水］最初の「バレエとは何か？」という質問で、森下が「先生から言われたことを考えずに、まずやってみる」と言っていましたが、まさに私と森下は実践していました。特に森下は理屈を消す。理屈が見えるようなことをやると、「洋子ちゃん！」と先生から注意された。ですから理屈が見えないように、踊りでもって理屈を見えなくする。消さないとうるさく注意されて、「洋子ちゃん、もう1回！」。バレエだけでなく日本舞踊も世界の舞踊もそうですけれど、いわゆる理屈が表面化してくると、ちょっといただけないですね。

——その点、森下さんは、無心を貫いていらっしゃる。

できるかぎり自分をなくしていきたいなと。

——だからプレッシャーも存在しない。これまでの積み重ねた時間があるから。

そうなんですよ。時間をかけてこられたことは幸せですよね。そういう生き方をできるように周りがしてくれましたから。無心で文化芸術の真理に触れさせていただいているのかもしれません……言葉にならない本来の踊りそのもの。ただただ毎日実践して、やっていくのみです。

［清水］よくこの人が話していることなのですが、世界が平和にならないと真の意味の美しさは実現しない、そのことに自分は苛立ちというか、プレッシャーを感じていると。こっちは「すぐに平和になるのは大変。矛盾は無限に続く」って言いますけれど。どんな時代になろうとも、少しずつでもいいから、やっぱりそういうことを目指そうとする。あなたのその背中に生えている白い羽がそうさせるんでしょう。尊いことです。

故郷・広島と家族の思い出

――話がいい方向に流れてきました。ここで改めて、広島について考えてみましょう。

広島は皆さんご存じの通り、悲劇のあったところです。理屈抜きに、原爆投下は絶対にあってはいけないこと。私自身が広島生まれで、祖母や母が被爆したからということだけが理由じゃなくて、やってはいけないことは、絶対ダメなんです。でも今現在、世界中で似たようなことが起こっている。ロシアがウクライナを侵略して、強制移住や住民投票をしていますよね。

――広島は被爆された方々が立ち上がり復興させた。人間の強さを感じさせてくれる土地ですね。

そうですね。広島の皆さん、ものすごくたくましいんですよ。母も、祖母も。文句やグチは一言も聞いたことがない。生きること、命に感謝し、常に前向きでとても明るい。広島には、被爆なさった方とか、身内を亡くされた方とか、いっぱいいらっしゃる。でも、「もっと前に行こうよ」っていう思いがある方がとても多いと思います。

――豊かな土地でもありますよね。

そうそう、空気や水がきれいで瀬戸内ですから波も静か。子供の頃は太田川に水着で行っていました。お酒もお水も野菜も果物も何でもおいしい。自然も人の心も大変豊かなところですね。

――そんな土地に、森下さんは「平和の使者」として神様から遣わされた。森下さんの活躍が被爆された人、復興に努めた方々の勇気になったと思います。

神様が「あなたはここ広島に生まれて、平和の使者として踊りをしていくのですよ」とおっしゃっていたのかもしれない。バレエに出会えたのもそのためだと思います。私の家はバレエも何も全く関係ありませんでしたから。バレエを通じて、人々の苦しみや痛みを少しでもやわらげ、世界が手を取り合えるように、力を尽くしなさいと、そういう大きな役割を担って生まれてきたということはすごく感じます。

——舞踊歴70年を迎えた2021年に広島で踊られた時は、どう思いましたか。

広島の皆様、ずっと待ってくださっていたみたいで。終演後にはお客様皆様総立ちになってくださいました。切符がすぐ売り切れてしまい、バレエ団にもチケットが欲しいというお電話をたくさんいただきました。「洋子ちゃん、私のこと覚えてる?」って古い知人から手紙もいただきました。広島の町を歩いていると、知らない人が「お帰りなさい」って言ってくださる。あいさつが「こんにちは」ではなく、「お帰りなさい」なんです。母の胎内に戻ったような安らいだ気分になります。ありがたいことです。広島に生まれて本当によかった。

——ご両親との思い出を聞かせてください。

母はとても料理が上手で、おいしい料理やお菓子をなんでも作ってくれました。父は口数の少ない人でしたけど、揺るぎない存在ですよね。男の子がいたら喧嘩したんでしょうけど、うちは女の子ばっかりだから。すごく優しかったです。

——お父様が泣いて帰ってきた森下さんを見て、「泣いたらもうバレエをやらせない」と言ったというエピソードは印象的です。

トウシューズに血がにじんで、痛いって私が泣いているから、「もうやめなさい」って父は言ったんですね。私は「あ、泣いたらやめさせられちゃう」と思って我慢して、それから泣かなくなったんです。もともと私は体が弱くて病院通いが多かったので、かわいそうだと思っていたんでしょう。でもその後は丈夫になりました。父自身もすごく元気な人で、毎朝必ず、コツコツと体操をやっていました。亡くなるまで続けていて、そういうところは父子で似ているのかなあと思います。

――やっぱり「山陽に森下あり」とまで言われた名選手ですからね。

明治大学でも「明治に森下あり」って言われたそうですよ。でも、ホッケーの名選手だってことを私は全然知らなくて。子供の頃に、どこか行って、熊の木彫りなんかを持って帰ってくる。ということは、北海道あたりの大会に行っていたのでしょう。

［清水］でも、森下はホッケーのホの字もない。やったことないでしょう。

ないない。だいたい、スポーツはできないんだもの。体育は通信簿で2とか1ですから。

――え、信じられないですね。

自転車にも乗れないんですよ。学校の体育の先生にも言われたことあるもの。「森下、お前、本当にバレエやってんのか?」って（笑）。リレーも遅かった。いつも一番ビリ、だけど一度だけ3等になったことがあってね、親が大喜び。

――練習したら絶対乗れますよ。普通の人よりも運動神経が優れているはずですから。

バレエ以外のことは何もできないんです。運動会のダンスだけは覚えられるけれど、それだけ。不器用で……。うちの家族はみんなリレーの選手だったから、私だけ。

──お母さまはても細やかな心遣いで、森下さんを育てておられましたよね。

母は、優しく導いてくれる人です。自分の行く道をゆっくりでもいいから進みなさいと、焦らなくていいから、少しずつやっていきなさいと、いつも見つめてくれているような存在。そしてとても決断力があって、これを決めるとなったら、スパッと決断する。バレエのことも、口を出さないと決めたら一切口を出しませんでした。

──お年を召されてからお母様とはどう過ごされましたか。

広島に帰ると、ずっと2人でしゃべっていましたね。「大変だったね」とか「あ、そうなんだ」とか、相槌を打って、聞いてくれる。妹からは「よくずっと話していられるわね」って驚かれたんですけど。長女と次女の違いでしょうか。妹は喧嘩しちゃう。昔ケーキを作ってくれたねという話をしたら、「もう今はできないなあ」って言っていたけれど。

──聞けば聞くほど、お母様は数々の奇跡を起こされてきた。マーゴさんとウラーノワさんの写真集って、どこから手に入れてきたんでしょう。

バレリーナだけが載っている薄い本でしたね。『眠れる森の美女』の衣装を着てポーズしているマーゴの写真を母が指して、「この人がバレエの女王様よ」と教えてくれました。

ウラーノワさんは稽古着を着て昔のボリショイ劇場の舞台袖にいる写真で、「この人がバレエの神様なのよ」と教えてくれた。母はバレリーナの名前を何も知らなかったはずだから、きっとバレエの先生に教わったんだと思います。「この人たちが何でバレエの神様や女王様なんだろう」って子供心に思いましたね。

バレエの神様

——何度か「神様」という言葉を聞きましたが、これはどういった概念でしょうか。宗教的な存在ではないということは理解していますが。

バレエの神様だと思います。バレエの神様が、私を広島に生まれさせてくれました。「あなたはバレエをやっていくのよ」とバレエに出合わせてくれて、「続けていこうよ」といろいろな人に出会わせてくださって、踊らせていただいている。

［清水］彼女の場合は、天に神様がいるというより、自分の中に神様がいて、それが自分に命令をするような近い存在で感じている。そのあたりはわかりませんけど。宗教というようなものではない。

私をバレエに捧げてくださった。あなたはバレエをやるんですと導いてくださっているのが神様。わからないけれど、ずっと導いてくださっていると思います。

[清水] この人が神様っていうのは理屈のないことだから。理屈がないという、この言葉自体が神様だし、ずっと続けるとか、絶対めげないとか、へこたれないとか、そのようなこともすべて森下の神様ですから、これは強い。体の中にそういうものが一緒に入っている。だから、何もしなくても舞台に出たら輝きが生まれてきちゃう。本当にずるいですね。――それこそが華なのでしょう。神に愛される存在という人がいるとすれば、それは森下さんのような方なのでしょう。

[清水] 理屈で神を捉えないように、小さい頃から仕組まれていたんじゃないかな。だって、この人の生きざまを見ていると、まさにそれだもの。この人のすごいところは、理屈を見せないこと。小さい頃から先生にうるさく仕込まれて、世界で一番先生様のお言いつけを一生懸命信じてきた。

この人（清水）は細かく言ってくれます。ほかの人はこちらが聞きにいって教えていただいています。

[清水] 神様に選んでいただいている、そういう人を振り付けさせていただいて、もう最高ですね。

振り付けしてもらわない限り、私は踊れないんだから。

［清水］ とんでもないですよ、もう。（笑）

そして、これから

――これからのビジョンを教えてください。

変わりなく、淡々と、粛々と。続けていった結果、誰も登れなかったような山に、いつか登れるようになるかもしれない。まずは毎日毎日を大切に生きる。そして、自分の生き方を後輩たちに見てもらって、後進につなげていきたいなと思います。

［清水］ 毎日あなたはそういう姿を見せていますけれど、彼らに未来への展望とか、そういうことを話すこともあるんですか？

気持ちが高ぶって先走ってしまっている人には、「焦らずにやっていけば絶対に大丈夫」ということをよく言います。途中途中でも、「少し良くなったじゃない」とか、「できてきたじゃない」とか、言葉をかけるようにしています。私が先生方に、そういうふうにしていただいてきましたから。

――出会いを重ねて得た経験を若い人たちにつないでいくのですね。

恵まれましたからね。これまでどれだけ多くの人が関わってくださったか。ものすごいエネルギーで、みんなが向き合ってくれた結果、少しずつ自分を磨いてこられた。私自身はそんなに大変だと思ってないけれど、周りから見たら平坦な道じゃなかったかもしれない。それは、私が大変さを感じさせないように周りの人が尽くしてくださったということでしょう。ガードしてもらって、様々なことへの対応をすべてやってくださったおかげで、非常にスムーズに来られたのかなと。そうでなければ、こんなに長く踊り続けられるなんて、普通ではありえないと思います。

[清水] 森下はそうなるように持っていくんですね。彼女の中で社会と自分の暗黙知というのがもうでき上がっていて、それを信じて進んでいるんじゃないかと思います。だから周りはせざるをえない。当たり前の話だから。彼女も、辛いとは一つも感じていないし、ひるがえって喜びが多いです。

本当に幸せ。幸せな人生になっている。ありがたいなと思う。

――すべてが踊るための人生。

[清水] その通りです。踊るために努力をしているといっても、機械的にということではなくて、汗をかいて、一生懸命努力している。

当たり前のこと、当然のことだと思います。それができる環境にあることも幸せです。

――そのすべてを清水さんが支えている。

［清水］　とんでもないことですよ。この人がそうなるように持っていっているんです。

――長い時間をかけて、これまでの歩みを振り返っていただきましたが、今の心境は。

今思うのは、様々な人との素晴らしい出会いを神様がたくさんさせてくださっていたということ。「どこまで、どのくらいまで、踊り続けますか?」とよく聞かれるのですが、そういうことはあまり考えていない。それより、これからも毎日毎日を1年1組の気持ちで新鮮にやっていく。今それができる環境にあります。常に感謝の気持ちを持ち続けてやっていけたらいいと思うし……絶対無駄にはしたくない、大切にしていきたいと思うんです。こんなに素晴らしい、恵まれた環境があるからこそ。そういう思いがありますね。

［清水］　今あなたが話した思い、それが真実の振り返りだと思います。そうやって、前を見て行くというような、思い。

いろいろな人から教えていただいたり、意見を言っていただいたりすることはありがたいことだなって思うんです。そんな幸せなことはない。こうしてみんなに出会えて、素晴らしい先生方にも出会えて。気がついたらこんなに長く続けていて、今も団員たちと一緒に毎日稽古ができている、そしてお客様が心の部分で受け止めてくださり、生きていてよかったとか、明日からまた頑張ろうとか、感じてくださる。……本当にありがたいことです。幸せな人生を歩ませていただいている。感謝をささげたいと思っています。

バレリーナ森下洋子――「何のために踊るの？」への答え

清水哲太郎

森下洋子は、戦後間もなく広島に生まれました。原子爆弾投下という悲劇の逆説として、天が未来を明るく照らすために彼の地へ遣わしたのではないかと思っています。

森下は3歳でバレエを踊り始めましたが、不器用だったので1回で振りを覚えられません。家に帰り畳の上で、神にさらわれたようにずっと練習していると、親御さんが「よくできた」と喜んでくれる。次に教室に行った時、できるようになっていると先生が大喜びする。何回も何回も繰り返せばできるようになると、やれば私にもできるというこの世の本質が、3歳の時から身体深くの潜在意識に透徹していました。その姿そのものへの大人たちの喜びが、森下の中で熟成していく。大きくなってもただただ一途にその本質を変質させずにコンサバティブに守り続けてきました。こういう保守的姿勢自体を貫くことが森下洋子の革新になっていたのです。

森下は、今でも稽古場では誰よりも速く「ハイッ」「ハイッ」と返事をします。超超クイックレスポンスです。それは、この人が不器用であることの裏返し。できるだけ速く反応すれば、ほかの人より多くのことを天から教えてもらえるのです。その姿勢を3歳の時に身につけていて、世界中のあらゆる人の助言を素直に受け入れられることが、この人のすごいところ。自分を消し去ることができるから、年齢を重ねても成長でき、平気で踊れるのです。

私は14歳の頃、彼女の踊る姿を初めて見ました。動きにショックを受けました。あまりにもかわいらしい人間が踊り、回っていたのです。どこの会場で何を踊っていたのかは定かではありませんが、わーっと魂が弾かれるというか、快感が体をバーンと貫きました。「どこか宇宙的で、この世に存在しないような動き」なのです。宇宙の動き、魂の動きってこういうものではないかと思ったんです。

私は海外留学を終えた後、21歳の時に初めて一緒に踊りました。バッハ作曲ヴァイオリン協奏曲第1番に振り付けられた『青のコンチェルト』です。これはとても価値のあることで、素敵な作品を一緒に創っていけると直感しました。

実際、踊ってみると、呼吸も音楽性もぴったり合う。少しでもズレたり、作品を良くするために気付いたことがあったりすると、世にも有名な、終了のないディスカッションが始まります。「ド」が付くほど真剣に踊りに取り組んできた者同士です。素晴らしい時間を過ごすことができました。

リハーサル期間の終盤に、私は一つの問いを投げかけてみました。「何のために踊るの？」。彼女の踊りの中には理屈を超えたところのバランス、感覚の妙が特大にあり、普遍的な人間調和の直観が住んでいて、彼女がいるだけでどこにでも親和・調和が生まれるのです。その由来に興味がありましたし、取り組んでいた作品について、世相との関わり、人生で目指すことなど、大きなことを含めて問いかけたつもりでした。

彼女は即答せずに、哲学的な命題として捉えてくれました。そして結果的には、その問いについて考え、答えを深めていくことが私たちの生涯のテーマになりました。「芸術を通して心を練り上げ、自分の一生を人類に捧げる」と。

森下が海外で活躍するようになると、客席だけでなく稽古場までも熱狂させました。振付家が与える振りを、森下はどんどん身につけて魅力的な踊りに変えていく。彼女の身体の水田から新鮮な稲穂が次々と伸び、生まれていくようでした。その場に居合わせたアーティストたちは「見てみろ、見てみろ、ヨーコを！」と目をまん丸にしました。対する森下の目はすごかった。目から燃える炎がこぼれそうなほどに集中していた。ホテルに戻ると、夜遅くまで反復練習。買い物にも行かず、観光はとんでもない。外食も少ない。ホテル、劇場、稽古場の往復のみという海外生活に徹し切り、それを喜んでいました。踊りと自分の内面、外面を仕上げることにそれこそ生命を捧げていくようなすさまじい情熱を注ぎました。お客様、たくさんの人たちに、人の良い匂い、感じの良い人間たち、信じ尽くす心地よさ、善い気持ちの舞台、豊穣の人間生活、慈悲あふれる人間関係など、たくさんの素晴らしい文化をお届けするべく、「美しく仕事を仕上げ」ていきたいと思って、全世界のバレエ人も、森下も我々仲間も生きていることを、固く信じています。結局、東先生も橘先生も、すべての先人は、私たち、後に続く者にこのことを託しているのですから。

森下の踊りは、一瞬一瞬の時間が消えている有り様から成っている世界です。音楽や役柄、自分の内面、宇宙に、一瞬一瞬、今、現在目前に反応する芸術です。理屈でなく、一瞬一瞬、本質を捉えて動き続ける。よく「頭の中が真っ白になる」といいますが、森下は意識せずとも真っ白な状態、自分が消えている状況でいられる集中力の権化です。常日頃、日暮らし超集中稽古を欠かさないからこそできていくことなのです。

バレエとはレスポンス、今の一瞬の宇宙と全世界への返事だと思います。私たちは無限に超クイックレスポンスをさせていただきながら、学ばせていただき、真理のまねを一生涯し続け、実行し続けます。そして森下と私と芸術人たちは、共にこの道の大いなる矛盾の海を泳ぎ渡りつつ、真心を世のため人のために捧げ尽くそうと思っている、アイエヌジー形の戦友、同志です。永遠に終了はありえないのです。これからも世界中から勉強させていただいたことを次の世代の人たちに渡し、たくさんの人に物質と精神の、美の幸せをお届けしていきたいです。

松山バレエ団稽古場にて。森下さんと清水さん
(宮﨑貢司さん撮影)

あとがき

若い頃、53歳まではとか、60歳まで踊るとか発言したこともありましたが、気がついたら大きく超えていました。これまで歩みを振り返ったことのない私ですが、この本を出すために昔の写真や記事、公演パンフレットなどを丹念に見直しました。いろいろ思い出しましたが、バレエをやめたいと思ったことは一度もありません。この素晴らしいクラシックバレエを続けたいという強い思いを多くの方に受け止めていただき、支えていただいているからこそ、今も踊り続けられているのだと思います。大変ありがたく、心から感謝しています。振り返れば、この本の基になった「時代の証言者」のインタビューが始まったのは2020年12月。この年には、コロナ禍が世界中の人々の生活を脅かしたため、舞台芸術が「不要不急」のものと言われました。そのため、私たち松山バレエ団の一人一人、踊ることの意味を問い直す機会となりました。若い頃に清水が発した「何のために踊るのか」、その問いにもう一度立ち返っています。

あらためて人生を見直してみて、バレエを通じて素晴らしい出会いをいただいてきたことをつくづくと思います。命をかけて日本にバレエを根付かせてくださった先人、先輩方。

そして海外で教え導いてくださった先輩方。４００年以上にわたるバレエの歴史の中で、バレエ・リュスや、ロシアバレエの空気を感じていた先輩方に直接教えていただくことができたのも、この時代に生を受けたからでしょう。先輩方が身体で紡いできたバレエ芸術への思いを、直に稽古場で出会い、言葉をかけていただいて、受け継がせていただいたことを、本当にかけがえのないことと、大切に思います。私が生きてきた時を愛おしむと共に、心からの感謝を捧げます。

このたびの書籍化にあたり、聞き手としてたくさんの言葉を導いてくださった読売新聞の祐成秀樹記者とのご縁もまた、素晴らしい出会いの一つです。長い間私たち松山バレエ団の舞台を大切に見守り、心で受け止め、熱い励ましのお気持ちをいただいてまいりました。その時間がこうした書籍に結晶しましたことを本当にうれしく思っております。また、書籍化に際して、中央公論新社の高橋真理子様、渡辺千裕様にも、多大なお力をいただきました。心より御礼申し上げます。

広島に生まれ、被爆の記憶が残る中でバレエに出会った私は、大きな使命をいただいていると思っています。これからも松山バレエ団全員で新しいもの、素晴らしいものを取り入れ、学び、美しい光に変えて、社会の皆様にお届けしていけたら。平和と美の力になれるよう、毎日新鮮に、１年生に戻って、稽古を続けていきたく思います。

年譜

1948年　12月7日、広島県広島市江波町（現、中区）に生まれる。

1952年　3歳よりバレエを始める。

1955年　初めてトウシューズを履く。

広島で葉室潔バレエ研究所公演『おやゆび姫』で初主演。

1957年　小学校2年生で東京・橘バレヱ学校に通い始める。この間、広島では洲和みち子に師事。

牧阿佐美バレヱ団公演『アマリリス』に出演。

東京での初舞台となる。

1958年　母・森下敏子が「きっちんもりした」を始め、祖母・山根晴世とも同居し始める。

1960年　小学校6年生でバレエのために単身上京。

1961年　牧阿佐美バレヱ団公演『運命』でデビュー。

「12歳のプリマ」と話題になる。牧阿佐美バレヱ団に入団。

1969年　ニューヨークに3か月間留学。イゴール・シュヴェッツォフに習う。

牧阿佐美バレヱ団公演『青のコンチェルト』で清水哲太郎と初共演。

1970年　再びニューヨークへ留学。

『ダンス・アーチスト・オブ・ジャパン』に出演。

ドイツ・シュツットガルトやベルギー・ブリュッセルなどを巡る。ジョン・クランコ、モーリス・ベジャールらと出会う。

松山バレエ団公演で、松山樹子が踊る『白毛女』を鑑賞し、衝撃を受ける。

1969年度第1回舞踊批評家協会賞受賞。

以後16回受賞。

1971年　松山バレエ団に入団。松山樹子に師事。

松山バレエ団第4回訪中公演（北京、延安、西安、武漢、長沙、韶山、上海、広州）に参加。新演出『白毛女』、『沖縄の五人娘』を踊る。北京公演で周恩来総理と接見。

1970年度芸術選奨文部大臣新人賞受賞。

1973年　松山バレエ団第5回訪中公演に参加。『紅色娘子軍』を踊る。

1974年　第7回ヴァルナ国際バレエコンクールに清水哲太郎と出場、第1位金賞受賞（日本人初）。

1975年　文化庁在外研修員として1年間留学。モナコにてマリカ・ベゾブラゾヴァに習う。

1976年　アメリカン・バレエ・シアター（ＡＢＴ）の公演に客演。

ＡＢＴビッグガラ公演にて、ワシントンのケネディセンターでフェルナンド・ブフォネスと「黒鳥のグラン・パ・ド・ドゥ」を踊る。

翌日、ルドルフ・ヌレエフと『海賊』のグラン・パ・ド・ドゥで初共演。

ＡＢＴに客演し、日本人で初めてメトロポリタン歌劇場に出演。『眠れる森の美女』で主演、ブフォネスと踊る。

モナコ・モンテカルロにてグレース公妃主催のバレエの夕べに出演、清水哲太郎と『漁夫とその魂』を踊る。

清水哲太郎と結婚。

１９７５年度文化庁芸術祭大賞受賞。松山バレエ団特別公演『白鳥の湖』の演技に対して。

橘秋子賞優秀賞受賞。

1977年　ロンドンにてエリザベス女王即位25周年記念公演に出演、ヌレエフと『ドン・キホーテ』のグラン・パ・ド・ドゥを踊る。

松山バレエ団第7回訪中公演に参加。『クラシック・バレエ・コンサート』で踊る。

松山バレエ団『ジゼル』公演。初めて高円宮憲仁親王殿下のご臨席を賜る。以来、２００回以上にわたって公演などをお見守りいただいた。

1978年　『スターズ・オブ・ワールド・バレエ』に清水哲太郎と出演、マーゴ・フォンテインらと共演。シドニー、メルボルン、パースその他にて公演。

松山バレエ団第8回訪中公演（北京、大同、成都、昆明、杭州、上海）に参加。『コッペリア』『白鳥の湖～第２幕』『ライモンダ』『赤い陣羽織』を踊る。

ＮＨＫ紅白歌合戦審査員を務める。

１９７７年度芸術選奨文部大臣賞受賞。

１９７７年度文化庁芸術祭大賞を清水哲太郎とともに受賞。『ジゼル』の演技に対して。

1979年　ロンドンにて『ガラ・バレエ・シーズン』に清水哲太郎と出演。

１９８０年　橘秋子特別賞受賞。

ＡＢＴ40周年記念公演に出演、ブフォネスと踊る。

１９８１年　イタリア、スイスにてチューリヒ・バレエ団でヌレエフと『ジゼル』を踊る。

メキシコ・グアナフアトにて「セルバンテス国際芸術祭」ガラ公演に出演、マリシア・ハイデやジョルジュ・ドンと共演。

20世紀バレエ団に出演、モーリス・ベジャール振付『ライト』主演。

１９８２年　パリ・オペラ座に日本人として初めて出演、『パ・ド・カトル』（タリオーニ役）、『パキータ』ほかを踊る。

『ロミオとジュリエット』に明仁皇太子殿下、同妃美智子殿下のご臨席を賜る。

１９８１年度毎日芸術賞受賞
１９８３年　松山バレエ団創立35周年公演で、ヌレエフと『白鳥の湖』『ジゼル』を踊る。

『くるみ割り人形』に三笠宮家寛仁親王殿下のご臨席を賜る。

１９８４年　松山バレエ団第9回訪中公演（北京、天津、瀋陽、上海）に参加。『ジゼル』『白鳥の湖〜第2幕』『ドン・キホーテ（清水哲太郎版）』『アレグロ・ブリランテ』『パ・ド・カトル』を踊る。

ニューヨークにてメトロポリタン歌劇場100周年記念ガラ・パフォーマンスに出演、ブフォネスと『海賊』のグラン・パ・ド・ドゥを踊る。

松山バレエ団のイタリア・マチェラータ音楽祭公演にてヌレエフと『白鳥の湖』『ジゼル』を踊る。

１９８５年　ウィーン国立歌劇場バレエ団（現ウィーン国立バレエ団）の日本・韓国公演に客演。ヌレエフと『眠れる森の美女』、『バラの精』『ウインナーワルツ』を踊る。

『コッペリア』に明仁皇太子殿下、同妃美智子殿下、紀宮清子内親王殿下のご臨席を賜る。

都民文化栄誉章受賞。

ウィーンにてウィーン国立歌劇団バレエ団の『ドン・キホーテ』『眠れる森の美女』に客演。

ロンドンでのヌレエフ・フェスティバル、および松山バレエ団ギリシャ公演にて『白鳥の湖』『ジゼル』に主演。ロンドン公演の『ジゼル』に浩宮徳仁親王殿下のご臨席を賜る。

松山バレエ団で『ドン・キホーテ』をヌレエフと踊る。

パリ・オペラ座バレエ団でヌレエフ版『くるみ割り人形』をヌレエフと踊る。

第41回日本芸術院賞受賞。

第1回服部智恵子賞受賞。

英国ローレンス・オリヴィエ賞受賞。

舞踊芸術賞（東京新聞）受賞。

婦人関係功労者内閣総理大臣賞受賞。

1986年
高円宮承子女王殿下のご誕生をお祝いして清水哲太郎が振り付けた『ロッシーニ・ディヴェルティメント』に主演。

ガリーナ・ウラーノワによる『ジゼル』公開レッスンに参加。

パリ国際バレエコンクール審査員を務める。

『ドン・キホーテ』に明仁皇太子殿下、同妃美智子殿下、高円宮憲仁親王殿下、同妃久子殿下のご臨席を賜る。

『くるみ割り人形』に浩宮徳仁親王殿下のご臨席を賜る。

ＮＨＫ紅白歌合戦審査員を務める。

1987年
ダイヤモンド・パーソナリティー賞受賞。
ローザンヌ国際バレエコンクール審査員を務める。
ニューヨーク・バレエコンクール審査員を務める。

1988年
ブラジルのシスネ・ネグロ・ダンス・カンパニーのロンドン公演にブフォネスと客演。

ウィーンにてヌレエフと『白鳥の湖』出演。

ニューヨークにてヌレエフの50歳を祝う公演に出演。

ニューヨークにてシスネ・ネグロ・ダンス・カンパニーに客演。ブフォネスと『ロミオとジュリエット』を踊る。

高円宮典子女王殿下のご誕生をお祝いして清水哲太郎が振り付けた『フォー・ハンズ』に主演。

イギリス・エディンバラにて、エディンバラ・インターナショナル・フェスティバルに松山バレエ団として参加。『ジゼル』、『新当麻曼陀羅』に主演。

1989年
東京で開催されたローザンヌ国際バレエ・コンクール審査員を務める。

1990年　『シンデレラ』初演。常陸宮正仁親王殿下、同妃華子殿下、高円宮憲仁親王殿下、同妃久子殿下のご臨席を賜る。
『シンデレラ』に徳仁皇太子殿下、高円宮憲仁親王殿下、同妃久子殿下のご臨席を賜る。
朝日賞受賞。
日本顕彰特別表彰。

1991年　松山バレエ団アメリカ公演（ニューヨーク、ワシントン）に参加。日本のバレエ団初のアメリカ公演となった。『ジゼル』、『マンダラ』に主演。
高円宮絢子女王殿下のご誕生をお祝いして清水哲太郎が振り付けた『２０２０ケッヘル５２５』に主演。

1992年　松山バレエ団第10回訪中公演（北京、上海／日中国交正常化20周年記念）に参加。『くるみ割り人形』『シンデレラ』に主演。

1993年　松山バレエ団創立45周年。記念公演『グラン・ガラ』を開催。

1994年　清水哲太郎演出・振付の新『白鳥の湖』初演に主演。徳仁皇太子殿下、同妃雅子殿下、高円宮憲仁親王殿下、同妃久子殿下のご臨席を賜る。
外務大臣表彰。

1996年　松山バレエ団第11回訪中公演（上海／上海バレエ団支援公演、上海芸術祭）に参加。『くるみ割り人形』に主演。
広島ホームテレビ文化・スポーツ賞受賞。

1997年　松山バレエ団創立50周年にあたり、清水哲太郎演出・振付の『バレエ・バレエ・バレエ』初演に主演。
新国立劇場開場記念公演『眠れる森の美女〜マリインスキー劇場版〜』に清水哲太郎と主演。紀宮清子内親王殿下のご臨席を賜る。
橘秋子賞特別賞受賞。

1999年　女性最年少で文化功労者に選出される。
『ジゼル』にて高円宮憲仁親王殿下の２００回目のご臨席を賜る（松山バレエ学校発表会含む）。

2000年　広島県民栄誉賞受賞。

2001年　松山バレエ団団長に就任。
舞踊歴50周年記念作『アレテー』を上演。
『眠れる森の美女』に徳仁皇太子殿下のご臨席を賜る。

2002年
NHK紅白歌合戦審査員を務める。
日本芸術院会員に就任。
新『白鳥の湖』に明仁天皇陛下、美智子皇后陛下のご臨席を賜る。
女子少年院公演。

2003年
松山バレエ団創立55周年。
日中平和友好条約締結25周年記念）に参加。
松山バレエ団第12回訪中公演（北京、上海／日中平和友好条約締結25周年記念）に参加。
新『白鳥の湖』（清水哲太郎版）に主演。
『ジゼル』に三笠宮家寬仁親王殿下、同妃信子殿下、紀宮清子内親王殿下のご臨席を賜る。
『アレテー』に常陸宮正仁親王殿下、同妃華子殿下のご臨席を賜る。
『くるみ割り人形』に常陸宮妃華子殿下のご臨席を賜る。

2004年
高円宮憲仁親王殿下を偲ぶ新春特別公演を行う。三笠宮崇仁親王殿下、同妃百合子殿下のご臨席を賜る。
『シンデレラ』に秋篠宮妃紀子殿下、眞子内親王殿下、佳子内親王殿下のご臨席を賜る。
バリアフリー・バレエコンサートを始める。

2005年
バリアフリー・バレエコンサートを行う。
『シンデレラ』に秋篠宮妃紀子殿下、眞子内親王殿下、佳子内親王殿下のご臨席を賜る。
『くるみ割り人形』に秋篠宮妃紀子殿下、眞子内親王殿下、佳子内親王殿下のご臨席を賜る。

2006年
舞踊歴55周年を迎える。
新『白鳥の湖』に秋篠宮家の眞子内親王殿下、佳子内親王殿下のご臨席を賜る。

2007年
バリアフリー・バレエコンサートを行う。
京セラ創業者・稲盛和夫氏の企画で、郷土の子供たちに贈る『くるみ割り人形』の公演を鹿児島で行う。

2008年
松山バレエ団創立60周年。
広島市名誉市民に選出される。

2010年
『くるみ割り人形』に徳仁皇太子殿下、敬宮愛子内親王殿下のご臨席を賜る。
清水哲太郎演出の新『白毛女』初演。

2011年
舞踊歴60年を迎える。
松山バレエ団第13回訪中公演（北京、上海、重慶）に参加。新『白毛女』に主演。北京公演に劉延東国務委員、唐家璇前国務委員、稲盛和夫氏にご来場いただく。

2012年　清水哲太郎新演出の新『コッペリア』に主演。
第24回高松宮殿下記念世界文化賞受賞。

2014年　宮城県石巻市・石巻中学校で新『白鳥の湖』を踊る。
ヴァルナ国際バレエコンクール50周年記念の審査員を務め、また、ガラ公演では『鳥の歌』を踊る。

2015年　よみうり大手町ホール開館1周年記念公演に出演。
プロ野球・広島東洋カープの「ピースナイター」始球式に登板。
『くるみ割り人形』に秋篠宮妃紀子殿下、佳子内親王殿下のご臨席を賜る。

2016年　舞踊歴65年を迎える。

2017年　松山バレエ団第15回訪中公演（北京・人民大会堂、上海・上海大劇院／日中国交正常化45周年）に参加。新『白毛女』に主演。李小林中国人民対外友好協会会長にご来場いただく。
新『白毛女』に美智子皇后陛下のご臨席を賜る。

2018年　松山バレエ団創立70周年。
松山バレエ団第16回訪中公演（重慶、武漢、鄭州、青島、北京／日中平和友好条約締結40周年）に参加。新『白毛女』に主演。
２０１７年度舞踊批評家協会特別賞受賞。

2020年　神奈川県川崎市・カリタス学園で公演。

2021年　舞踊歴70年を迎える。
広島で舞踊歴70周年記念公演『ロミオとジュリエット』に主演。
舞踊生活70周年祝賀記念会開催。

2022年　舞踊歴70周年記念公演『ロミオとジュリエット』に主演。

2023年　松山バレエ団創立75周年。
『ジゼルとアルブレヒト』に主演。
『シンデレラ』に主演。
橘秋子特別栄誉賞受賞。

取材・構成　祐成秀樹（読売新聞東京本社編集委員）
取材協力　松山バレエ団
※第一部文中の《　》内の記述は祐成編集委員によるものです。
※特に記載のない写真は松山バレエ団提供です。

初出
第一部は『読売新聞』に2021年5月24日から7月7日まで連載された「時代の証言者　踊り続けて70年　森下洋子」をもとに、大幅な加筆・修正を行いました。
第二部は『読売新聞』および「読売新聞オンライン」に掲載された公演評です。掲載・配信日は各項の末尾に記載しています。
第三部は本書のために行われたインタビューを基にした書き下ろしです。

装幀　山影麻奈
カバー・扉写真　中嶌英雄

著　者　森下洋子　もりした・ようこ

松山バレエ団理事長・団長、プリマバレリーナ。1948年、広島市生まれ。3歳よりバレエを始め、葉室潔、洲和みち子、橘秋子に師事。11歳で単身上京。71年、松山バレエ団に入団、松山樹子に師事。74年、ヴァルナ国際バレエコンクールにて金賞受賞。文化庁在外研修員としてモナコに留学し、マリカ・ベゾブラゾヴァに師事。エリザベス女王即位25周年記念公演など海外でも幅広く活躍。日本人初の英国ローレンス・オリヴィエ賞など、数多くの賞を受賞。97年、女性最年少の文化功労者として顕彰される。2001年、松山バレエ団の団長に就任、バレエ団の創造活動の要として活躍。日本芸術院会員。

聞き手　祐成秀樹　すけなり・ひでき

1965年、埼玉県出身。読売新聞東京本社編集委員。一橋大学社会学部卒。89年に読売新聞社に入り、盛岡支局などを経て95年から文化部に在籍。舞踊と演劇を担当する一方、若者向き紙面「popstyle」の編集長も務める。趣味はヴィオラとヴァイオリン演奏。

平和《へいわ》と美《び》の使者《ししゃ》として 森下洋子自伝《もりしたようこじでん》

2023年10月10日 初版発行

著 者 森《もり》下《した》洋《よう》子《こ》
聞き手 祐《すけ》成《なり》秀《ひで》樹《き》
発行者 安部順一
発行所 中央公論新社
〒100-8152 東京都千代田区大手町 1-7-1
電話 販売 03-5299-1730 編集 03-5299-1740
URL https://www.chuko.co.jp/

DTP 市川真樹子
印 刷 図書印刷
製 本 大口製本印刷

Published by CHUOKORON-SHINSHA, INC.
Printed in Japan ISBN978-4-12-005599-7 C0073